Orações do cristão católico angolano

Orações do cristão católico angolano

ORAÇÕES, BÊNÇÃOS E CANTOS

Compilação de
Frei Canga Manuel Mazoa, OFM

Petrópolis

© 2021, Editora Vozes Ltda.
Rua Frei Luís, 100
25689-900 Petrópolis, RJ
www.vozes.com.br
Brasil

Todos os direitos reservados. Nenhuma parte desta obra poderá ser reproduzida ou transmitida por qualquer forma e/ou quaisquer meios (eletrônico ou mecânico, incluindo fotocópia e gravação) ou arquivada em qualquer sistema ou banco de dados sem permissão escrita da editora.

CONSELHO EDITORIAL

Diretor
Gilberto Gonçalves Garcia

Editores
Aline dos Santos Carneiro
Edrian Josué Pasini
Marilac Loraine Oleniki
Welder Lancieri Marchini

Conselheiros
Francisco Morás
Ludovico Garmus
Teobaldo Heidemann
Volney J. Berkenbrock

Secretário executivo
Leonardo A.R.T. dos Santos

Diagramação: Sheilandre Desenv. Gráfico
Revisão gráfica: Nilton Braz da Rocha
Capa: Renan Rivero
Ilustração de capa: Fernando Aristi

ISBN 978-65-5713-367-5

Editado conforme o novo acordo ortográfico.

Este livro foi composto e impresso pela Editora Vozes Ltda.

As orações a Nossa Senhora do Carmo, da Conceição, Desatadora de nós, La Salete, de Nazaré, do Perpétuo Socorro, do Rosário, das Vitórias, além das orações a São Cristóvão, Santa Teresinha do Menino Jesus, Santa Rita de Cássia, Santa Josefina Bakhita, Santo Expedito, São Brás e Santo Agostinho são originalmente da obra *Quando quero falar com Deus: Orações para o dia a dia*, de autoria de José Carlos dos Santos (Frei Zeca), e foram gentilmente cedidas pela Paulinas Editora.

Sumário

Apresentação, 9
Símbolos e siglas usados neste livro, 10

1. ORAÇÕES, 11
Orações diárias, 11
Orações da manhã e da noite, 13
Orações para as refeições, 16
Cantos para as refeições, 19
Orações diversas, 20
Orações franciscanas, 41
Orações da Santa Missa, 47
Adoração ao Santíssimo Sacramento, 49
Orações ao Divino Espírito Santo, 51
Consagração ao Sagrado Coração de Jesus, 52
Oração à Santíssima Trindade, 53
Terço da Divina Misericórdia, 54
Orações a Nossa Senhora, 55
Ladainhas, 75
Via-sacra, 86
Novena a São José, 91

2. ORAÇÕES NAS LÍNGUAS NACIONAIS, 96
Orações em kimbundo, 96
Orações em kikongo, 101
Orações em umbundo, 106

3. BÊNÇÃOS DIVERSAS, 110

4. CANTOS PARA DIVERSAS CIRCUNSTÂNCIAS, 112

I. Cantos em kimbundo, 112
II. Cantos em kikongo, 118
III. Cantos em umbundo, 121
IV. Cantos em português, 123

5. BREVES INFORMAÇÕES PARA O CRISTÃO CATÓLICO, 129

Mandamentos da Lei de Deus, 129
Mandamentos da Igreja, 129
Sacramentos da Igreja Católica, 129
Dons do Espírito Santo, 129
Virtudes cristãs ou teologais, 130
Virtudes cardeais, 130
Virtudes opostas, 130
Conselhos evangélicos, 130
Obras de misericórdia, 130
Frutos do Espírito Santo, 130
Bem-aventuranças, 131
Pecados contra o Espírito Santo, 131
Pecados que bradam ao céu, 131
Novíssimos do ser humano – 'Fins últimos do ser humano', 131
Inimigos da alma, 131
Dotes do corpo glorioso, 131
Abreviaturas dos livros da Bíblia, 132
Como ler e compor as citações bíblicas, 133
Quando ler a Bíblia: Palavras de orientação e consolo, 134

Apresentação

Orações do cristão católico angolano é um livro que reúne orações, bênçãos e cantos pertencentes à fé cristã católica. Tem em vista nos ajudar a rezar e nos aproximar da grande riqueza afetiva e devocional da fé transmitida em casa, na família, ou na igreja com o catequista. Este livro é para todos aqueles que desejam intensificar sua vida de oração, buscar a graça de Deus, deixar-se tocar por Ele e ser transformado por seu Espírito e seu santo modo de operar.

Orações do cristão católico angolano é um companheiro de jornada para ti, criança, jovem, adulto, mama e papa. Um auxílio para as várias circunstâncias da vida. Ajudar-te-á a rezar com intensidade, dialogar com Deus sempre, alcançar serenidade e maturidade espiritual, ânimo e equilíbrio para a vida.

Hás de encontrar neste livro: orações diárias, adoração ao Santíssimo Sacramento, Via-sacra, novena, cantos, bênçãos diversas etc. Faça bom proveito dele e, pela oração, alimente diariamente a tua fé.

Paz e bem!

Frei Canga Manuel Mazoa, OFM
Malange, 2 de agosto de 2021

Símbolos e siglas usados neste livro

Dirigente: D.
Refrão: Ref.
Repetição da frase: (R.:)
Repetição do trecho: (bis)
Resposta: R.
Sacerdote: S.
Sinal da cruz: †
Tempo Pascal: T.P.
Todos: T.

1. Orações

Orações Diárias

SINAL DA CRUZ

Pelo sinal da Santa Cruz (†) livre-nos Deus nosso Senhor (†) dos nossos inimigos (†).
† Em nome do Pai e do Filho e do Espírito Santo. Amém.

PAI-NOSSO

Pai nosso que estais nos céus, santificado seja o vosso nome; venha a nós o vosso Reino; seja feita a vossa vontade assim na terra como no céu.
O pão nosso de cada dia nos dai hoje; perdoai-nos as nossas ofensas assim como nós perdoamos a quem nos tem ofendido; e não nos deixeis cair em tentação, mas livrai-nos do mal. Amém.

AVE-MARIA

Ave, Maria, cheia de graça, o Senhor é convosco; bendita sois vós entre as mulheres e bendito é o fruto do vosso ventre, Jesus.
Santa Maria, Mãe de Deus, rogai por nós, pecadores, agora e na hora de nossa morte. Amém.

GLÓRIA-AO-PAI

Glória ao Pai e ao Filho e ao Espírito Santo. Como era no princípio, agora e sempre. Amém.

SANTO ANJO DO SENHOR

Santo Anjo do Senhor, meu zeloso guardador, pois a ti me confiou a piedade divina, hoje e sempre me rege, guarda e ilumina. Amém.

AO ANJO DA GUARDA

Anjo da guarda, minha companhia, guardai minha alma de noite e de dia. † Em nome do Pai e do Filho e do Espírito Santo. Amém.

Orações da manhã e da noite

ORAÇÃO DA MANHÃ - 1

Ó Jesus, eu vos ofereço o meu dia: Mãe do Céu, sede meu amparo e minha guia. Ofereço-vos, ó meu Deus, em união com o Santíssimo Coração Imaculado de Maria, as orações, trabalhos, alegrias e sofrimentos deste dia, em reparação de todas as ofensas e por todas as intenções pelas quais o mesmo Divino Coração está continuamente intercedendo e sacrificando-se nos nossos altares. Amém.
† Em nome do Pai e do Filho e do Espírito Santo. Amém.

ORAÇÃO DA MANHÃ - 2

Bendito sejais, meu Deus, porque ainda me conservais a vida! Fazei, Senhor, que seja só para vos servir. Glória vos seja dada, ó Trindade Santíssima, por mim e por todas as criaturas, agora e por todos os séculos! Amém.

Não permitais, Senhor, que eu tenha menos cuidado da minha vida, alma, do que do meu corpo, nem ela seja despojada da preciosa vestidura da graça divina. Adoro-vos, ó meu Deus, e vos agradeço os muitos benefícios que me tendes feito na alma e no corpo, especialmente o de me terdes guardado esta noite e conservado a vida até este dia.

Quero, Senhor, emendar-me dos defeitos em que costumo cair muitas vezes e fugir de todas as ocasiões de pecar. Ó meu Deus, concedei-me a graça de cumprir este propósito e de viver até à morte na vossa graça e no vosso santo amor.

Bendito e louvado seja o Santíssimo Sacramento do altar e a Puríssima Conceição da Bem-aventurada Virgem Maria, concebida em graça e sem mácula do pecado original, desde o primeiro instante do seu ser. Amém.

SAUDAÇÃO DO DIA

Deus vos salve, luz do dia,
Deus vos salve, quem vos cria,
Deus vos salve, meu Jesus,
Filho da Virgem Maria.
Quando vem rompendo a aurora,
No amanhecer do dia,
Me encomendo a Jesus Cristo,
Filho da Virgem Maria.

ORAÇÃO DA NOITE

† Em nome do Pai e do Filho e do Espírito Santo. Amém.
Pai-nosso, Ave-Maria, Glória-ao-Pai.

Agradecimento

Obrigado, bom Jesus, pelo vosso grande amor. Perdoai o mal que fiz e ajudai-me a ser melhor.

Exame de consciência

Meu Deus, estou verdadeiramente arrependido e cheio de dor por vos ter ofendido que sois tão bom, meu Criador e Redentor.
Mas agora, confiado unicamente na vossa graça, proponho emendar-me, com todo o empenho, das faltas cometidas.

Ato de contrição

Meu Deus, porque sois infinitamente bom e vos amo de todo o meu coração, pesa-me de vos ter ofendido, e, com o auxílio da vossa divina graça, proponho firmemente emendar-me e nunca mais vos tornar a ofender; peço e espero o perdão das minhas culpas pela vossa infinita misericórdia. Amém.

- Dignai-vos, Senhor, conservar-me esta noite sem pecado. Abençoai o descanso que vou tomar a fim de reparar as minhas forças para vos servir melhor e com mais fervor. Virgem Santíssima, São

José, Anjo da minha guarda, Santo do meu nome e Santos todos da minha devoção, protegei-me nesta noite, em toda a minha vida e especialmente na hora da minha morte.
- À vossa proteção nos acolhemos, Santa Mãe de Deus, não desprezeis as nossas súplicas nas nossas necessidades, mas livrai-nos sempre de todos os perigos, ó Virgem Gloriosa e Bendita.

ORAÇÃO AO DEITAR

Com Deus me deito, com Deus me levanto, com a graça de Deus e do Divino Espírito Santo.
Nossa Senhora me cubra com seu manto, ó Senhor, meu Jesus Cristo, Filho da Virgem Maria, me acompanha esta noite, amanhã e todo dia.

Orações para as Refeições

ORAÇÃO PARA ANTES DA REFEIÇÃO

I. Rezar o Pai-nosso e/ou outras orações.
Abençoai, † Senhor, a nós e a estes alimentos que de vossa bondade recebemos, e dignai-vos conduzir-nos à mesa celestial. Por Cristo, nosso Senhor. Amém.

II. † Em nome do Pai e do Filho e do Espírito Santo. Amém.
Abençoai, Senhor, este alimento e nós que o vamos tomar, para melhor vos amar e servir. Amém.

III. † Em nome do Pai e do Filho e do Espírito Santo. Amém.
Ó Deus, Pai de misericórdia, para dar-nos a vida quisestes que o vosso Filho assumisse a condição humana; abençoai estes vossos dons com que vamos restaurar o corpo, e consolidai as nossas forças, enquanto esperamos, vigilantes, a gloriosa vinda de Cristo. Por Cristo, nosso Senhor. Amém.

IV. Nós vos damos graças, Senhor, por nutrir-nos com estes alimentos; dignai-vos socorrer os necessitados e reunir-nos, todos, à mesa feliz do vosso Reino. Por Cristo, nosso Senhor. Amém.

V. Senhor, nosso Deus, que socorreis os vossos filhos com amor paterno; abençoai a nós e a estes dons, que de vossa bondade recebemos; e concedei que todos os povos possam gozar dos benefícios da vossa providência. Por Cristo, nosso Senhor. Amém.

VI. Senhor nosso Deus, te bendizemos porque nos faze participantes de tuas maravilhas; bendizemos-te pelos dons do amor e pela

amizade que nos concedes viver reunidos em torno à mesa. Abençoa a nossa refeição e faz que seja para nós sinal do banquete do Reino.
† Em nome do Pai, do Filho e do Espírito Santo. Amém.

VII. Senhor, para o banquete do teu Reino convidaste os aleijados, os cegos, e os coxos, porque os que chamaste não souberam responder o teu convite. Concede-nos, com tua bênção para o alimento que vamos tomar, o espírito de acolhimento recíproco e cordialidade ao teu chamado.
† Em nome do Pai e do Filho e do Espírito Santo. Amém.

VIII. Deus onipotente e bom, por meio do apóstolo nos exortaste a comer do trabalho de nossas mãos. Fazei que acolhamos com alegria os dons que provêm de ti, gratuitamente a nós oferecidos. Que aprendamos a reparti-los com os necessitados e pobres. Abençoa a nossa existência e tudo que nos foi preparado pelas mãos de nossos irmãos e irmãs.
† Em nome do Pai e do Filho e do Espírito Santo. Amém.

ORAÇÃO PARA DEPOIS DA REFEIÇÃO

I. Rezar Glória-ao-Pai e/ou outras orações.
Muito obrigado, Senhor, por essa refeição fraterna. Dai a nós e aos nossos benfeitores o prêmio da vida eterna. Amém.

II. Graças vos damos, Deus onipotente, por todos os benefícios de Vós recebidos e por estes alimentos, que sirvam para nos sustentar em vosso serviço. Glória a Deus, paz aos vivos, descanso eterno aos falecidos. E Vós, Senhor, tende compaixão de nós. Graças a Deus.

III. Nós vos damos graças, ó Deus todo-poderoso, por nos terdes confortado com os dons da vossa providência; concedei que se confirme também o espírito enquanto o corpo restaura as forças. Por Cristo, nosso Senhor. Amém.

IV. Ó Deus, Vós nos ensinais que a vida do ser humano não se sustenta só de pão, mas de toda palavra que sai da vossa boca; ajudai-nos, pois, a elevar os nossos corações ao alto e, confirmados por vossas forças, amar-vos sinceramente nos irmãos. Por Cristo, nosso Senhor. Amém.

V. Nós vos damos graças, Senhor, por refazerdes nossas forças nesta mesa; concedei que os efeitos corporais do alimento sirvam igualmente para o nosso bem-estar espiritual. Vós que viveis e reinais para sempre. Amém.

Cantos para as refeições

PARA O INÍCIO DA REFEIÇÃO

1. Vinde todos convidados, aceitai o convite, a mesa está preparada. O banquete é para vós (bis).
2. Não podemos caminhar com fome e sem amor! Dá-nos sempre deste pão: Teu corpo e sangue, Senhor (bis).
3. Eye, Jezu, kudya kwami, kamba ni nguzu yami (bis).
4. A Yesu yange ndukupinga, ndikutise l'etimba lyove. Osonde Y'ove ndinhwe, pwãhi sasesamele iñgile mwange (bis).
5. Nitu ya Mfumo ame eh eh (bis).

PARA O FIM DA REFEIÇÃO

1. Quem comer deste pão e beber deste vinho, viverá para sempre (bis).
2. Jezu ngó, mwene wa twijia. U twendesa mu mwenhu yú; kana-ku dingi dikamba dyengi, Jezu ngó, Jezu ngó (bis).
3. Tchilelembya tchangue, tchisivaya Ñgala, kwenda utima wangue usandjukila, suko ndjovoly yangue (bis).
4. M. Ah moyo! Moyo ame uyangalele: (bis) Bu ngiele tambula Nitu a Yezu kuna meza (bis) Moyo ame uyangalele.
5. E pelo mundo eu vou, cantando o teu amor, pois disponível estou para servir-te, Senhor (bis).

ORAÇÕES DIVERSAS

PROFISSÃO DE FÉ - *CREDO*

Credo Niceno-constantinopolitano

Creio em um só Deus, Pai todo-poderoso, criador do céu e da terra, de todas as coisas visíveis e invisíveis. Creio em um só Senhor, Jesus Cristo, Filho Unigênito de Deus, nascido do Pai antes de todos os séculos: Deus de Deus, Luz da luz, Deus verdadeiro de Deus verdadeiro; gerado, não criado, consubstancial ao Pai. Por Ele todas as coisas foram feitas. E por nós, homens, e para nossa salvação desceu dos céus. E encarnou pelo Espírito Santo, no seio da Virgem Maria, e se fez homem. Também por nós foi crucificado sob Pôncio Pilatos; padeceu e foi sepultado. Ressuscitou ao terceiro dia, conforme as Escrituras; e subiu aos céus, onde está sentado à direita do Pai.
De novo há de vir em sua glória, para julgar os vivos e os mortos; e o seu Reino não terá fim.
Creio no Espírito Santo, Senhor que dá a vida, e procede do Pai e do Filho; e com o Pai e o Filho é adorado e glorificado: Ele que falou pelos profetas. Creio na Igreja una, santa, católica e apostólica. Professo um só batismo para remissão dos pecados. E espero a ressurreição dos mortos, e a vida do mundo que há de vir. Amém.

Credo Apostólico

Creio em Deus Pai todo-poderoso, criador do céu e da terra; e em Jesus Cristo seu único Filho, Nosso Senhor, que foi concebido pelo poder do Espírito Santo; nasceu da Virgem Maria; padeceu sob Pôncio Pilatos, foi crucificado, morto e sepultado; desceu à mansão dos mortos; ressuscitou ao terceiro dia; subiu aos céus; está sentado à direita de Deus Pai todo-poderoso, donde há de vir a julgar os vivos e os mortos. Creio no Espírito Santo, na Santa Igreja Católica, na comunhão dos santos, na remissão dos pecados, na ressurreição da carne, na vida eterna. Amém.

ATOS

De Fé
Meu Deus, creio firmemente tudo o que Vós revelastes e a Santa Igreja Católica nos ensina, porque não podeis enganar-vos nem enganar-nos.

De Esperança
Meu Deus, espero em Vós, porque sois onipotente, infinitamente misericordioso e fidelíssimo às vossas promessas.

De Caridade
Meu Deus, amo-vos de todo o meu coração porque sois infinitamente bom, e, por amor de Vós, amo ao próximo como a mim mesmo.

De Contrição
(Forma breve)
Meu Deus, porque sois tão bom, tenho muita pena de vos ter ofendido, ajudai-me a não tornar a pecar.

(Forma longa)
Meu Deus, pois sois infinitamente bom e vos amo de todo o meu coração, pesa-me de vos ter ofendido, e, com o auxílio da vossa divina graça, proponho firmemente emendar-me e nunca mais vos tornar a ofender; peço e espero o perdão das minhas culpas pela vossa infinita misericórdia. Amém.

ORAÇÃO PARA DEPOIS DA CONFISSÃO

Senhor, sois misericordioso para com os que vos procuram! Como é grande o vosso amor e a vossa bondade! Confio que, pelos merecimentos infinitos de vosso preciosíssimo Sangue, já me haveis perdoado os pecados. Já posso contar-me de novo entre os vossos filhos! Não permitais, Pai de misericórdia, que eu me esqueça dessa grande graça. Proponho-me firmemente evitar o pecado, para nunca mais perder a vossa graça. Abençoai, Senhor, este meu propósito e fortalecei-me para que nunca mais torne a cair.
Ó Maria, minha Mãe, rogai por mim e amparai-me. Santos e anjos do céu, intercedei por mim. Amém.

BREVE ORAÇÃO PELOS ANIVERSARIANTES E FALECIDOS

D.: Pelo aniversariante de hoje (ou de amanhã): N.N., para que seja no mundo sinal de fé, esperança e amor, e por palavras e obras possa dar testemunho de vida segundo os ensinamentos de Jesus e da Igreja, roguemos ao Senhor:
T.: Senhor, escutai a nossa prece.

D.: Por todos os falecidos, especialmente por N.N. Acolhei-os em vosso Reino; concedei-lhes eterna alegria e fazei brilhar para eles a vossa luz. Todos os nossos irmãos e irmãs, parentes e amigos, falecidos descansem em paz!
T.: Amém.
D.: Dai-lhes, Senhor, o descanso eterno (três vezes):
T.: Entre os esplendores da luz perpétua.
D.: Descansem em paz.
T.: Assim seja.

Ou
D.: Senhor nosso Deus, vida dos que morrem e felicidade eterna dos santos, concedei ao vosso servo(a) N., que, privado da luz deste mundo, contemple agora o esplendor da luz eterna. Amém.
T.: Amém.

Ou
D.: Ouvi, Senhor, as nossas preces e recebei nas alegrias eternas o(a) nosso(a) irmão(a) N.; Vós que criastes à vossa imagem e pelo batismo o(a) fizestes vosso(a) filho(a) adotivo(a), tornai-o(a) participante da vossa herança no Reino dos Céus.
T.: Amém.

ORAÇÃO PELAS VOCAÇÕES - 1

Ó Jesus, Bom Pastor, que chamastes os apóstolos e os enviastes por todo o mundo a anunciar o Evangelho, tocai os corações ardentes e generosos dos jovens e fazei-os vossos ajudantes e ministros.
Tornai-os participantes da sede da redenção universal, pela qual renovais sobre o altar o vosso sacrifício.

Fazei que, respondendo ao chamamento, a exemplo da Santíssima Mãe, a Virgem Maria, prolonguem na terra a vossa missão, edifiquem o vosso Corpo, que é a Igreja, e sejam o "sal da terra e a luz do mundo". Amém.

D.: Coração Sacerdotal de Jesus,
T.: Dai-nos muitos e santos sacerdotes.
D.: Ó Maria, Rainha das Missões,
T.: Dai-nos muitos e santos missionários e missionárias.
D.: Ó Maria, Mãe da Igreja,
T.: Dai-nos muitos e santos catequistas.

ORAÇÃO PELAS VOCAÇÕES - 2

Senhor da messe e pastor do rebanho, faz ressoar em nossos ouvidos o teu forte e suave convite: "Vem e segue"! Derrama sobre nós o teu Espírito e que Ele nos dê sabedoria para ver o caminho e generosidade para seguir a tua voz. Senhor, que a messe não se perca por falta de operários. Desperta as nossas comunidades para a missão. Ensina a nossa vida a ser serviço. Fortalece os que querem dedicar-se ao Reino, na vida consagrada sacerdotal e religiosa. Senhor, que o rebanho não pereça por falta de pastores. Sustenta a fidelidade dos nossos bispos, padres e ministros. Dá perseverança aos nossos seminaristas. Desperta o coração dos nossos jovens para o ministério pastoral da tua Igreja. Senhor da messe e pastor do rebanho, chama-nos para o serviço do teu povo. Maria, Mãe da Igreja, modelo dos servidores do Evangelho, ajuda-nos a responder "sim". Amém.

ORAÇÃO À SAGRADA FAMÍLIA

(Sagrada Família de Nazaré, Jesus, Maria e José. Modelo de família para o mundo inteiro.)

Senhor, Pai santo, que na Sagrada Família nos destes um modelo de vida, concedei que, imitando as suas virtudes familiares e o seu espírito de caridade, possamos um dia reunir-nos na vossa casa para gozarmos as alegrias eternas. Por Cristo, nosso Senhor. Amém.

ORAÇÃO AO MENINO JESUS DE PRAGA

(Menino Jesus de Praga é uma famosa imagem de Jesus Menino. É venerado grandemente na Igreja de Nossa Senhora Vitoriosa, em Praga, República Tcheca. Conhecido como padroeiro das crianças e doentes. Comemoração: 25 de dezembro.)

Ó Menino Jesus, a Vós recorro e vos suplico pela intercessão de vossa Santíssima Mãe, assisti-me nesta necessidade (*pedir a graça*), porque creio firmemente que vossa divindade pode me socorrer.

Espero com toda confiança obter vossa santa graça. Amo-vos de todo meu coração e com todas as forças de minha alma. Arrependo-me sinceramente de todos os meus pecados, e vos imploro, ó bom Jesus, que me fortaleceis para que eu possa ser vitorioso. Proponho-me a não vos ofender e me ofereço a Vós, dispondo-me a sofrer antes de fazer-vos sofrer.

Doravante, quero servir-vos com toda fidelidade, e por vosso amor, ó Menino Deus, amarei a meu próximo como a mim mesmo. Menino onipotente, Senhor Jesus, mais uma vez vos suplico que me atendeis nesta necessidade (*apresentar o pedido*). Concedei-me a graça de vos possuir eternamente, na companhia de Maria Santíssima e São José, para que possa vos adorar com todos os anjos na Corte Celestial. Amém.

ORAÇÃO A SÃO JOSÉ - 1

(São José, castíssimo esposo da Virgem Maria. Conhecido como pai adotivo de Jesus, padroeiro da Igreja Católica, protetor dos pais, das famílias e dos operários. Comemoração: 19 de março – Solenidade; 1º de maio – São José Operário.)

Salve, guardião do Redentor, e esposo da Virgem Maria! A vós Deus confiou o seu Filho; em vós, Maria depositou a sua confiança; convosco, Cristo tornou-se Homem. Ó Bem-aventurado José, mostrai-vos pai também para nós e guiai-nos no caminho da vida. Alcançai-nos graça, misericórdia e coragem, e defendei-nos de todo o mal. Amém.

Papa Francisco

ORAÇÃO A SÃO JOSÉ - 2

São José, casto esposo da Virgem Maria, guarda e protetor de Nosso Senhor Jesus Cristo, Filho de Deus feito Homem, e de sua Mãe Maria Santíssima, protegei e defendei-nos dos espíritos malignos, que sempre nos perseguem, a fim de que possamos servir e amar a Deus Nosso Senhor na paz dos nossos corações. Amém.

Papa Francisco

ORAÇÃO A SÃO JOSÉ - 3

Glorioso Patriarca São José, cujo poder consegue tornar possíveis as coisas impossíveis, vinde em minha ajuda nestes momentos de angústia e dificuldade. Tomai sob a vossa proteção as situações tão graves e difíceis que vos confio, para que obtenham uma solução feliz. Meu amado pai, toda a minha confiança está colocada em vós. Que não se diga que eu vos invoquei em vão, e dado que tudo podeis junto de Jesus e Maria mostrai-me que a vossa bondade é tão grande como o vosso poder. Amém.

Papa Francisco

ORAÇÃO A SANTA ANA E SÃO JOAQUIM

(Santa Ana e São Joaquim, pais de Nossa Senhora e avós de Jesus Cristo. Conhecidos como padroeiros dos avós. Comemoração: 26 de julho.)

Senhor, Deus de nossos pais, que concedestes a São Joaquim e Santa Ana a graça de darem ao mundo a Mãe do vosso Filho, alcançai-nos, por sua intercessão, a salvação que prometestes ao vosso povo. Amém.

ORAÇÃO A SÃO JOÃO BATISTA

(São João Batista nasceu em 4 a.C.; morreu em 29 d.C. Conhecido como o precursor do Messias. Ele batizou Jesus nas águas do Rio Jordão. Comemoração: 24 de junho – Natividade; 29 de agosto – Martírio e morte.)

Conduzi, Senhor, a vossa família pelo caminho da salvação, para que, fiel aos ensinamentos do Precursor São João Batista, possa ir confiadamente ao encontro de Cristo, por ele anunciado. Amém.

ORAÇÃO A SANTA MÔNICA

(Santa Mônica nasceu em 331, Argélia, África; morreu em 387. Conhecida como a mãe de Santo Agostinho, rezou para que seu filho encontrasse a fé verdadeira. Comemoração: 27 de agosto.)

Senhor nosso Deus, consolação dos que choram, Vós que atendestes misericordiosamente as lágrimas de Santa Mônica pela conversão de seu filho Agostinho, concedei-nos, por intercessão da mãe e do filho, que saibamos chorar os nossos pecados para alcançar a graça do vosso perdão. Amém.

ORAÇÃO A SANTO AGOSTINHO

(Santo Agostinho nasceu em 354, Argélia, África; morreu em 430. Conhecido como padroeiro dos teólogos. Comemoração: 28 de agosto.)

Ó Deus, compassivo e cheio de amor, que operastes em Santo Agostinho a graça da conversão, pela oração constante de sua mãe, e o acolhestes em vossos braços, qual filho pródigo, dando-lhe a alegria de uma vida nova na alegria e na segurança da vossa presença.
Fazei, ó Pai, que eu não deixe vossa graça passar em vão por mim, pois desejo acalmar a inquietude do meu coração e, creio, ele só estará seguro quando só em Vós encontrar repouso.
Abençoai todas as mães que a Vós recorrem com insistência em favor dos seus filhos que se acham ausentes da fé da família, algemados às coisas do mundo. Acolhei suas preces e lágrimas e, por vosso poder, trazei-os de volta à luz da verdade, à alegria do vosso abraço e da vossa casa, para que possam servir somente a Vós em vosso Reino. Amém.

ORAÇÃO DE SÃO BENTO

(São Bento nasceu em 480, Itália; morreu em 547. Conhecido como Pai dos monges e padroeiro da Europa. Comemoração: 11 de julho.)

A Cruz Sagrada † seja a minha Luz.
Não seja o demônio meu guia.
Retira-te, satanás.
Nunca me aconselhes coisas vãs.
É mau o que tu ofereces.
Bebe tu mesmo o teu veneno.

Ó mestre de vida celeste, doutor e guia no caminho da perfeição, grande São Bento, vós cuja alma bem-aventurada goza da felicidade eterna no seio de Deus, velai sobre o rebanho fiel, fortificai-o com vossas orações e introduzi-o no céu, pelo caminho brilhante que tendes tão gloriosamente precedido. Assim seja.

São Bento, que outrora ganhastes o mundo para o Senhor, fazei dos povos de hoje Reino de paz e de amor. Amém.

ORAÇÃO A SÃO BRÁS

(São Brás nasceu em 264, Roma, Itália; morreu em 316. Conhecido como protetor das aflições e incômodos da garganta. Comemoração: 3 de fevereiro.)

São Brás, que sois o refúgio de todos aqueles fiéis nos momentos de maior aflição, quando o assunto é mal de garganta, engasgo com espinha de peixe, brinquedos, objetos pontiagudos, alguma doença de difícil cura ou mesmo uma laringite, faringite ou amigdalite, abençoe a todos em sua infinita caridade. Não nos deixeis adoecer, livrando-nos de qualquer mal e de qualquer perigo. Colocai suas mãos milagrosas sobre nossas gargantas e afastai toda a impureza ou malignidade que possa se apoderar de nós. São Brás, rogai por nós! Amém.

Bênção da garganta
Por intercessão de São Brás, bispo e mártir, livre-te Deus do mal da garganta e de qualquer outra doença. Em nome do Pai e do Filho e do Espírito Santo. São Brás, rogai por nós! Amém.

ORAÇÃO A SÃO JOÃO BOSCO - 1

(São João Bosco – Dom Bosco nasceu em 1815, Itália; morreu em 1888. Conhecido como Pai e Mestre da Juventude, fundador dos Salesianos de Dom Bosco. Comemoração: 31 de janeiro.)

São João Bosco, pai e mestre dos jovens, obtende-nos o espírito de iniciativa, bondade e fortaleza para sermos fiéis ao vosso projeto educativo. Dai-nos um grande amor por Cristo, por Maria Santíssima, e pela Igreja, para que, deixando-nos interpelar pelos problemas e pelas esperanças das jovens e dos jovens de hoje, saibamos envolvê-los "na aventura maravilhosa de uma vida segundo o Evangelho". Amém.

ORAÇÃO A SÃO JOÃO BOSCO - 2

Ó Deus, que fizestes de São João Bosco um pai espiritual para a juventude, capaz de transmitir orientações seguras aos jovens do seu tempo e também de hoje, aproximando-os de Jesus, caminho, verdade e vida, nós vos agradecemos por este santo tão educador. Por sua intercessão vos suplicamos que os seus filhos e filhas, continuadores de sua missão, descubram mais e mais as riquezas espirituais de sua alma tão iluminada por Vós. Que sejam capazes de voltar sempre à fonte daquele amor original que moveu a acolher os pequenos e ver nos jovens a força da Igreja, força capaz de mudar o mundo. Orientai todos os educadores para que sejam acolhedores, dialogantes, abertos às mudanças do mundo de hoje, capazes de reconhecer os valores dos jovens e de colocar em prática a pedagogia do amor que orienta, previne e transforma a vida. São João Bosco, rogai por nós. Amém.

ORAÇÃO A SANTO EXPEDITO

(Santo Expedito nasceu e morreu no século IV, na Armênia. Conhecido como o santo das causas urgentes e justas, padroeiro dos policiais e militares. Comemoração: 19 de abril)

Ó glorioso Santo Expedito, repleto de fé e confiança, busco a vossa proteção e recorro à vossa poderosa intercessão para não cair no pecado de deixar que a graça de Deus passe por mim em vão, pois desejo ser fiel ao propósito de abraçar a minha conversão, com aquela mesma firmeza e decisão que tivestes: "A conversão não pode ser deixada para amanhã, mas deve ser hoje". Eis a graça mais urgente que desejo alcançar (*pedir a graça*), e nisto me valha a vossa intercessão. Olhai para mim e sede minha luz contra os inimigos do meu corpo e da minha alma, pois vos tomei como protetor. E por vosso intermédio consagro a Deus meu coração e a minha mente para que um dia possa viver a felicidade eterna no céu. Amém.

ORAÇÃO A SÃO CARLOS LWANGA E COMPANHEIROS - 1

(São Carlos Lwanga nasceu em 1860, Uganda, África; morreu em 1886. Conhecido como um dos mártires de Uganda. Comemoração: 3 de junho.)

Senhor nosso Deus, que fazeis do sangue dos mártires semente dos cristãos, concedei que a seara da vossa Igreja, regada com o sangue de São Carlos Lwanga e seus companheiros, produza sempre abundante colheita para o vosso Reino. Amém.

ORAÇÃO A SÃO CARLOS LWANGA E COMPANHEIROS - 2

Ó glorioso mártir São Carlos Lwanga, fiel e seguidor, cumpridor do Evangelho de Cristo, enfrentastes adversidades, perseguições e até o martírio cruel, mas não renegastes a fé. Queremos seguir o vosso exemplo de coragem, constância e fortaleza. Intercedei por nós, para que não ofereçamos obstáculo à ação do Espírito Santo. Que por ela sejamos iluminados e animados a enfrentar as injustiças deste mundo, vencer o mal com a prática do bem, a superar os sinais de morte e proclamar a vitória da vida. Rogai por nós para que a nossa comunidade cristã, entre sofrimento e alegria, agrade a Deus mediante uma colheita de boas obras, a fim de que sejamos conduzidos ao Reino de Amor. Amém.

ORAÇÃO A SANTA JOSEFINA BAKHITA

(Santa Josefina Bakhita nasceu em 1869, Sudão, África; morreu em 1947. Conhecida como padroeira do Sudão, protetora das pessoas escravizadas e raptadas. Comemoração: 8 de fevereiro.)

Ó Santa Josefina Bakhita que, desde menina, foste enriquecida por Deus com tantos dons e a Ele correspondeste com todo o amor, olha por nós. Intercedei junto ao Senhor para que cresçamos no seu amor e no amor a todas as criaturas humanas, sem distinção de idade, de raça, de cor, de situação social. Que pratiquemos sempre, como tu, as virtudes da fé, da esperança, da caridade, da humildade, da castidade e da obediência. Amém.

ORAÇÃO À BEATA ANUARITE NENGAPETA

(Beata Anuarite Nengapeta nasceu em 1939, Congo; morreu em 1964. Conhecida como a primeira mulher negra banto a ser elevada aos altares da Igreja Católica. Comemoração: 1º de dezembro.)

Santíssima Trindade, em comunhão com toda a Igreja, eu vos dou graças pelos abundantes dons que concedestes à beata Maria Clementina Anuarite Nengapeta, modelo de obediência e de fidelidade ao voto de castidade até ao sacrifício da sua jovem vida. Concedei-me, a seu exemplo, viver em escuta constante da Palavra de Deus e no serviço generoso do próximo. Dignai-vos, Senhor, glorificar na Igreja esta vossa serva fiel como virgem e mártir. Por sua intercessão, concedei-me a graça que agora vos peço (*pedir a graça*). Maria, Rainha dos Mártires, recomendai maternalmente as minhas súplicas ao vosso Filho Jesus.
Glória-ao-Pai.

ORAÇÃO A SANTA RITA DE CÁSSIA

(Santa Rita de Cássia nasceu em 1381, Itália; morreu em 1457. Conhecida como padroeira das causas impossíveis, dos doentes, das mães e das viúvas. Comemoração: 22 de maio.)

Ó Santa Rita de Cássia, invocada pelo povo cristão como a santa dos impossíveis, advogada dos casos desesperados, auxiliadora da última hora para o abismo do pecado e do desespero. Pleno(a) de confiança, recorro à vossa intercessão a Deus Pai, buscando a solução para este difícil problema que me tem causado muito sofrimento (*apresentar o problema*). Obtende-me, ó Santa Rita, essa graça para mim tão necessária, para que eu reencontre a paz do coração e a alegria de servir a todos os irmãos, para a honra e glória do Senhor, nosso Deus. Amém.
Santa Rita de Cássia, rogai por nós!

ORAÇÃO A SANTA TERESINHA DO MENINO JESUS

(Santa Teresinha do Menino Jesus nasceu em 1873, em Lisieux, França; morreu em 1897. Conhecida como padroeira das Missões e dos missionários. Comemoração: 1º de outubro.)

Deus, nosso Pai, que por obra do vosso Espírito colocastes no coração de Santa Teresinha um intenso ardor missionário e o desejo imenso de levar vossa Palavra a todas as pessoas. Como simples criança, ela soube abandonar-se em vossas mãos e experimentou a verdadeira grandeza que é ser contada entre vossos filhos. Dai-nos, ó Deus, por intercessão de Santa Teresinha, vossa filha fiel, o mesmo espírito que a animou e as mesmas disposições que moveram os seus passos em vossa direção, para que, mesmo no sofrimento, na sensação de abandono, na aridez espiritual e na noite escura, saibamos esperar com toda esperança. E, ao receber vossas consolações, possamos assim proclamar: "Nossa segurança e proteção está no nome do Senhor, que fez o céu e a terra". Amém.

ORAÇÃO A SÃO CRISTÓVÃO

(São Cristóvão nasceu e morreu no século III. Conhecido como mártir, protetor dos motoristas, viajantes, peregrinos e das pestes. Comemoração: 25 de julho.)

Ó São Cristóvão, carregador de Cristo, que sois invocado como padroeiro dos motoristas, estendei a vossa proteção sobre todos os homens e as mulheres que dirigem veículos, seja como uma forma de trabalho, seja de lazer. Tomados de um amor profundo por sua própria vida e pela vida dos seus semelhantes, dirijam com atenção, sobriedade e respeito às normas de trânsito. E, assim, fiquem livres dos acidentes e das imprudências alheias. Abençoai, ó São Cristóvão, todos os motoristas e seus veículos! Rogai por todos nós, para que também sejamos Cristóvãos, "carregadores de Cristo", e o levemos a todas as pessoas, no conforto de nossas palavras e na força benéfica de nossas obras, frutos de nosso amor e de nossa fé. Amém.

ORAÇÃO PELOS MÁRTIRES DE VIANA

(Os mártires da Diocese de Viana, Angola, são: Padre Manuel Lima, Portugal; catequista Maria do Carmo, Angola; catequista Maria Adriano, Angola; catequista Joveta Paulino, Angola. Foram assassinados/martirizados no dia 3 de fevereiro de 1982 quando iam anunciar a Boa-nova às comunidades de fé do Bita e Sapú, Viana. Comemoração: 3 de fevereiro.)

Ó Deus, Pai Santo, que enviastes ao mundo o vosso Filho e, pelo envio do Espírito Santo no dia de Pentecostes, fortalecestes a vossa Igreja e a todos destes a graça de anunciar o Evangelho, concedei-nos a graça que vos pedimos (*pedir a graça*) através de Padre Manuel Lima, Maria Adriano, Carmita e Joveta que, seguindo a sua vocação missionária, vieram a ser mortos, quando iam anunciar o Evangelho de vosso Filho, Nosso Senhor Jesus Cristo, que é Deus convosco na unidade do Espírito Santo. Amém.
Pai-nosso, Ave-Maria, Glória-ao-Pai.

ORAÇÃO PARA O LOCAL DE TRABALHO

Deus, Pai de bondade, criador de todas as coisas e santificador de todas as criaturas: suplicamos a tua bênção e proteção sobre este local de trabalho. Que a graça de teu Espírito Santo habite dentro destas paredes para que não haja contenda nem desunião. Afasta deste lugar toda inveja! Que os anjos de Deus acampem ao redor deste estabelecimento, e somente a paz e a prosperidade habitem este local. Concede aos que aqui trabalham um coração justo e generoso para que o dom da partilha aconteça e as tuas bênçãos sejam abundantes. Dá saúde aos que retiram deste lugar o sustento da família para que saibam sempre cantar louvores a ti. Amém.

ORAÇÃO PELA ÁFRICA

Senhor Jesus Cristo, único Salvador de todo o gênero humano, apressai, vos pedimos, o triunfo do Evangelho na terra que santificastes com o vosso exílio. Derramai misericordioso, sobre os povos de África, os tesouros infinitos do vosso coração divino, e fazei que todos os africanos, por intercessão da Virgem Santíssima, de São José e de todos os seus santos, sigam dóceis o chamamento da graça, e encontrem a Salvação na Igreja, para louvor e memória do vosso santo nome. Amém.

ORAÇÃO PELA PÁTRIA

Deus eterno e onipotente, que governais o universo com admirável providência, atendei as orações que vos dirigimos pela nossa pátria e fazei que, pela sabedoria dos governantes e a honestidade dos cidadãos, se fortaleçam a justiça e a concórdia e se estabeleça o verdadeiro progresso na paz. Amém.

ORAÇÃO PELA PAZ

Senhor Jesus Cristo, que dissestes aos vossos apóstolos: deixo-vos a paz, dou-vos a minha paz. Não olheis os nossos pecados, mas a fé da vossa Igreja, e dai-lhe a união e a paz, segundo a vossa vontade, Vós que sois Deus com o Pai na unidade do Espírito Santo. Amém.

ORAÇÃO PELA FAMÍLIA

Ó Deus de bondade e misericórdia, recomendamo-vos nossa casa, nossa família, nossos familiares e tudo quanto possuímos. Abençoai-nos, como abençoastes a Sagrada Família de Nazaré. Resguardai-nos dos acidentes, da doença, da violência, do desemprego. Ajudai-nos a sermos fiéis aos sacramentos que celebramos na Igreja, na vivência do Evangelho e no seguimento de vosso Filho Jesus. Dai-nos forças, a fim de conservarmos, também nas tribulações e sofrimentos, a nossa fé, e sempre progredirmos no amor a Vós e ao nosso próximo. Jesus, Maria e José, protegei nossas famílias, tornando-as sempre mais unidas e respeitosas. Dai-nos o dom da perseverança para que possamos seguir sempre o caminho de Jesus, trabalhar pelo Reino de Deus e um dia encontrar-nos todos reunidos para sempre no céu. Amém.

ORAÇÃO PELOS PAIS - 1

Senhor, fonte da paternidade e da maternidade, eu vos agradeço pelos pais que me destes e pela graça de ter nascido em uma família cristã, unida e feliz. Ajudai-me, Senhor, a oferecer o melhor de mim: carinho, obediência, cooperação, respeito, para que permaneça em nosso lar o clima de paz e amor recíproco. Derramai sobre os meus pais a bênção de uma vida longa. Que o exercício da paternidade e da maternidade plenifique os seus corações de realização e felicidade. Ensinai-me, Senhor, a ser filho(a) segundo o coração do vosso filho Jesus, que nasceu e cresceu no seio de uma família. Assim como Ele, que eu também encontre a minha alegria em fazer a vossa vontade. Amém.

ORAÇÃO PELOS PAIS - 2

Senhor, meu Deus, Vós quereis que eu respeite, ame e obedeça a meus queridos pais. Peço-vos que Vós mesmo me inspireis o respeito e a reverência que lhes devo e fazei que lhes seja filho amante e obediente. Recompensai-lhes todos os sacrifícios, trabalhos e cuidados, que por minha causa têm suportado, e retribui-lhes todo o bem que me fizeram no corpo e na alma, pois eu por mim não posso pagar-lhes tudo isto. Conservai-lhes uma longa vida no gozo de perfeita saúde do corpo e da alma. Deixai-os participar da bênção copiosa que derramastes sobre os patriarcas. Fazei-os crescer na virtude e prosperar em tudo, que por vossa honra empenharem, a fim de que um dia tornemos a ver-nos no céu, para cantar os vossos louvores por todos os séculos dos séculos. Amém.

ORAÇÃO PELA MÃE

Agradecemos de coração, Senhor, pela nossa mãe. Essa criatura a quem tanto devemos em nossa vida. Agradecemos, Senhor, pela geração da vida. Agradecemos o leite materno. Agradecemos a graça e a ternura. Agradecemos os sorrisos de mãe. Agradecemos toda dedicação, todo sacrifício ao longo de toda nossa existência. Agradecemos as noites de insônia, as preocupações cotidianas. Agradecemos os seus conselhos, suas orientações, suas correções. Agradecemos todo seu amor, manifestado no amor de mãe. Pedimos perdão, Senhor, se nem sempre correspondemos ao seu carinho. Pedimos, Senhor, que ajude nossa mãe. Recompense todo seu esforço, todo seu sacrifício. Que ela possa exercer com dignidade sua missão de mãe, mulher e esposa. Perdoe-lhe, Senhor, seus inevitáveis defeitos, pois todos nós somos pecadores. E que ela possa ao final dessa existência viver uma eternidade plena e feliz. Amém.

ORAÇÃO DA CRIANÇA

Obrigado, Senhor, pela minha vida, pela minha saúde, pela minha família e por todos os meus amiguinhos. Senhor Jesus, ensina-me a ser uma criança cheia de fé e de amor, ensina-me a crescer nos teus caminhos. Concede, Senhor, a meus pais sabedoria, paz, trabalho e saúde. Ajuda-me, Senhor, a ser uma criança obediente a todos aqueles que devo respeitar, inclusive aos meus pais e às pessoas mais velhas. Obrigado, Senhor, por todos os meus brinquedinhos, sejam eles pequenos ou grandes, pelo alimento de cada dia, pela minha família, pela nossa saúde e pela nossa proteção. Abençoa também meus professores, catequistas e todos os meus amiguinhos, com sabedoria, fé e amor. Dá-me, Senhor, a bênção de ser uma criança feliz e realizada. Amém.

ORAÇÃO DOS JOVENS

Senhor, eu te agradeço a minha vontade de mudar as coisas. A minha insatisfação diante do que é medíocre, a minha ira diante da injustiça, o nó que sinto na garganta diante de uma história de amor, o carinho que sinto pelas crianças, o amor que, apesar de alguns desentendimentos, eu tenho pelos meus pais, e a coragem de ter sido suficientemente eu para não acompanhar a onda, nem experimentar tóxicos, nem brincar com a minha dignidade de jovem cristão. Eu te peço uma coisa: grandeza interior para compreender meu povo, minha geração e a tua presença no meu caminho. Eu te ofereço minha juventude. Sei que é pouco, mas é meu modo de dizer que gosto da vida e pretendo vivê-la como um filho digno desse nome. Amém.

ORAÇÃO PELOS AVÓS

Ó Deus eterno e todo-poderoso, em Vós vivemos, nos movemos e somos. Nós vos louvamos e bendizemos por terdes dado a estes vossos filhos e filhas, nossos queridos avôs e nossas queridas avós, uma vida longa com perseverança na fé e em boas obras. Concedei que eles, confortados pelo carinho dos filhos, netos e amigos, se alegrem na saúde e não se deixem abater na doença, a fim de que, revigorados com a vossa bênção, consagrem o tempo da idade madura ao vosso louvor, seguindo os exemplos de São Joaquim e de Santa Ana, que na fidelidade à Palavra de Deus cumpriram sempre a vontade de servir e de amar a todos. Por Cristo, nosso Senhor. Amém.

ORAÇÃO PARA ANTES DE UMA VIAGEM

Senhor, todo-poderoso e Deus de misericórdia, guiai-nos pelo caminho da paz e prosperidade. Não permitais que nos encaminhemos a algum lugar em que possamos ofender-vos. Acompanhe-nos vosso santo anjo em nossa viagem para que voltemos à nossa morada sãos e salvos, sem contratempo nem desgraça. Amém.

ORAÇÃO DA ZUNGUEIRA

Ó Senhor, dono das panelas e das bacias! Não posso ser a santa que medita e beija os vossos pés. Não posso bordar toalhas para o vosso altar. Então, que eu seja santa com minha bacia na cabeça e com os meus pés cansados e calejados, e, de noite, ao pé do meu fogão, que o vosso amor aqueça a chama que eu acendi e faça calar minha vontade de gemer as misérias da vida. Eu tenho as mãos de Marta, mas também quero ter a alma de Maria. Quando eu limpar o chão, Senhor, limpe também os meus pecados. Quando eu servir a comida, coma também, Senhor, junto conosco. E quero vos servir, servindo a minha família. Amém.

Frei Ermelindo Bambi, OFM

ORAÇÃO PELOS DESEMPREGADOS

Senhor que disseste "comerás o pão com o suor de teu rosto", eu sei que o trabalho é digno e abençoado para sustentar a vida, mas Senhor, apesar da boa vontade de trabalhar, há tanto desemprego! E por isso, Senhor, pedimos por todos que estão em busca de um trabalho. O desemprego está causando problemas na família e na vida pessoal. Senhor, olhai pelos desempregados. E hoje estamos rezando por estes, cujos nomes apresentamos agora... (*Diga os nomes das pessoas que estão precisando da graça de um emprego*).
Senhor, faça com que estas pessoas consigam um trabalho decente para sustentar a vida. Senhor, quando estivestes neste mundo, fostes humilde carpinteiro. Tende piedade e compaixão dos desempregados que querem trabalhar, que precisam trabalhar.
Ilumina o caminho para que possam encontrar o que há tanto tempo estão procurando. Nós cremos, Senhor, naquela sua Palavra: "Batei e a porta vos será aberta" (cf. Mt 7,8).
Ilumina os desempregados a baterem na porta certa. Que não recebam um não ou o descaso, mas consigam a graça de um trabalho. Dai ânimo, Senhor, aos desempregados. Abra as portas de um emprego para estas pessoas... (*Diga mais uma vez os nomes das pessoas*).
Senhor, eu confio na sua graça! Senhor, eu confio no teu poder! Amém.

ORAÇÃO DA GRÁVIDA (GESTANTE)

Ó Deus Pai, nosso Criador, que preparastes a Virgem Maria para ser a mãe do vosso amado Filho, olhai também para todas as mulheres grávidas a fim de que vivam o momento de gestação com serenidade. Dai-lhes força para aceitar os incômodos da maternidade desde a gravidez até o parto. Fortalecei-as para superar os medos, dúvidas e incertezas desta fase. Conceda paciência à família que com alegria espera, em seu lar, o mais novo membro. Que este possa nascer são e salvo. Segundo a vossa santíssima vontade, e por intercessão da bem-aventurada Mama Muxima, todas as gestantes tenham um parto feliz e abençoado. Amém.

Frei Canga Manuel Mazoa, OFM

ORAÇÃO DO PRESIDIÁRIO

Senhor, aqui, por entre as grades da prisão, reconhecemos sua presença. O Senhor está no meio de nós, pobres pecadores. Dê-nos forças para que possamos recuperar-nos e começar vida nova, voltar ao lar, à família, à sociedade. Perdão, Senhor, por todo mal que fizemos. Estamos realmente arrependidos. Confiamos no seu perdão, na sua misericórdia. Assim como o Senhor perdoou o ladrão arrependido e aos algozes que o crucificaram, perdoe-nos a nós também.

Dê-nos, Senhor, essa força para não nos deixar influenciar negativamente. E ao mesmo tempo possamos ajudar outros a se recuperarem. Pedimos, Senhor, pela família, lá fora. Que não lhe falte a comida, a roupa para viver uma vida digna.

Pedimos pelos prisioneiros que cumprem sua obrigação. Para que sejam humanos, bons, compreensivos. Perdão, Senhor, e ajude-nos a sermos bons cristãos e bons cidadãos. Amém.

ORAÇÃO DO ESTUDANTE

Criador Inefável, Vós que sois a fonte verdadeira da luz e da ciência, derramai sobre as trevas da minha inteligência um raio da vossa claridade. Dai-me inteligência para compreender, memória para reter, facilidade para aprender, sutileza para interpretar e graça abundante para falar. Meu Deus, semeai em mim a semente da vossa bondade. Fazei-me pobre sem ser miserável, humilde sem fingimento, alegre sem superficialidade, sincero sem hipocrisia; que faça o bem sem presunção, que corrija o próximo sem arrogância, que admita a sua correção sem soberba; que a minha palavra e a minha vida sejam coerentes. Concedei-me, Verdade das verdades, inteligência para conhecer-vos, diligência para vos procurar, sabedoria para vos encontrar, uma boa conduta para vos agradar, confiança para esperar em Vós, constância para fazer a vossa vontade. Orientai, meu Deus, a minha vida; concedei-me saber o que me pedis e ajudai-me a realizá-lo para o meu próprio bem e de todos os meus irmãos. Amém.

Santo Tomás de Aquino

ORAÇÃO PARA MEDITAR A PALAVRA DE DEUS

Ó Senhor Jesus Cristo, abre os olhos do meu coração para que eu possa ouvir a tua Palavra, que eu entenda e faça a tua vontade, pois sou um peregrino na Terra. Não escondas de mim os teus mandamentos, mas abra-me os olhos, para que eu possa perceber as maravilhas da tua lei. Fala para mim as coisas ocultas e secretas da tua sabedoria. Em ti coloco minha esperança, ó meu Deus, de iluminar minha mente e meu entendimento com a luz do teu conhecimento; não apenas para valorizar as coisas que estão escritas, mas para realizá-las, pois Tu és a luz para aqueles que jazem nas trevas, e de ti vem toda boa ação e toda graça. Amém.

ORAÇÃO POR UM DOENTE - 1

Senhor Jesus, aquele a quem amas está enfermo. Tu podes tudo. Peço-te humildemente que lhe restituas a saúde. Se forem, porém, outros os desígnios, peço-te que lhe concedas a graça de suportar cristãmente sua doença. Nos caminhos da Palestina tratavas os doentes com tamanha delicadeza, que todos acorriam a ti. Dá-me esta mesma doçura, esse tato que é tão difícil ter quando se tem saúde. Que eu saiba dominar meu nervosismo para não acabrunhar o doente; que eu saiba sacrificar uma parte de meus planos para acompanhá-lo, se este for seu desejo. Estou cheio de vida, Senhor, e te dou graças por isso. Faz que o sofrimento dos outros me santifique, formando-me na abnegação e na caridade. E que sempre, Senhor, se faça a tua santa vontade. Amém.

M.N. Veleda

ORAÇÃO POR UM DOENTE - 2

Onipotente e benigníssimo Deus, que sois a salvação eterna de todos os que creem em Vós, escutai piedoso as orações que vos dirigimos por este nosso irmão enfermo, vosso servo. Afastai dele tudo quanto o aflige e fazei, em vossa misericórdia, que todos os remédios aplicados ao seu mal lhe sejam salutares. Em Vós, único autor e conservador da vida e árbitro supremo de nossa sorte, pomos toda a nossa confiança; e, embora nos esforcemos, por todos os meios possíveis, por lhe restabelecer a saúde, todavia é de Vós só que tudo esperamos. Ouvi, Senhor, nossas preces e as suas, para que alegres possamos com ele prestar-vos a homenagem de nosso reconhecimento.

O Senhor Jesus Cristo esteja
Do seu lado para defendê-lo,
Dentro de você para conservá-lo,
Diante de você para conduzi-lo,
Atrás de você para guardá-lo,
Acima de você para abençoá-lo,
Ele que vive e reina pelos séculos dos séculos. Amém.

ORAÇÕES PARA OBTER A SAÚDE

Senhor, nosso Deus, depois do dom da vida que nos destes, a saúde é o bem mais precioso. A doença revela nossa fragilidade e nos faz conhecer o calvário humano e o peso da dor. O mundo se parece com um grande hospital, no qual milhões de irmãos não têm acesso aos remédios eficazes e aos melhores médicos. Vós que tudo podeis, olhai por nós! Curai-nos de nossos males físicos e também espirituais. Sois o divino médico. Fora de Vós, nossa alma não encontra a cura; os remédios pouco ajudam.

Olhai, Senhor, por todas as pessoas enfermas. Que elas sejam tocadas por vossas mãos, no mais profundo do ser, lá onde a doença criou raízes e insiste em permanecer. Em nome do sangue precioso de Jesus e pela força do vosso poder, que elas sejam curadas e glorifiquem o vosso nome.

Iluminai os cientistas para descobrirem os remédios necessários e dai-nos a graça de que a saúde seja um dom para todos. Amém.

ORAÇÃO PELA TERRA

Deus Onipotente, que estais presente em todo o universo e na mais pequenina das vossas criaturas, Vós que envolveis com a vossa ternura tudo o que existe, derramai em nós a força do vosso amor para cuidarmos da vida e da beleza. Inundai-nos de paz, para que vivamos como irmãos e irmãs sem prejudicar ninguém. Ó Deus dos pobres, ajudai-nos a resgatar os abandonados e esquecidos desta terra que valem tanto aos vossos olhos. Curai a nossa vida, para que protejamos o mundo e não o depredemos, para que semeemos beleza e não poluição nem destruição. Tocai os corações daqueles que buscam apenas benefício à custa dos pobres e da terra. Ensinai-nos a descobrir o valor de cada coisa, a contemplar com encanto, a reconhecer que estamos profundamente unidos com todas as criaturas no nosso caminho para a vossa luz infinita. Obrigado porque estais conosco todos os dias. Sustentai-nos, por favor, na nossa luta pela justiça, o amor e a paz.

Papa Francisco

Orações franciscanas

NÓS VOS ADORAMOS

Nós vos adoramos, Santíssimo Senhor Jesus Cristo, aqui e em todas as vossas Igrejas que estão no mundo inteiro, e vos bendizemos, porque pela vossa santa cruz remistes o mundo. Amém.

ORAÇÃO PELA PAZ

Senhor, fazei de mim um instrumento da vossa paz:
Onde houver ódio, que eu leve o amor.
Onde houver ofensa, que eu leve o perdão.
Onde houver discórdia, que eu leve a união.
Onde houver dúvida, que eu leve a fé.
Onde houver erro, que eu leve a verdade.
Onde houver tristeza, que eu leve a alegria.
Onde houver desespero, que eu leve a esperança.
Onde houver trevas, que eu leve a luz.
Ó Mestre, fazei que eu procure mais: consolar que ser consolado,
Compreender que ser compreendido, amar que ser amado.
Pois é dando que se recebe, é perdoando que se é perdoado,
E é morrendo que se ressuscita para a vida eterna. Amém.

BÊNÇÃO DE SÃO FRANCISCO (cf. Nm 6,24-26)

(São Francisco de Assis nasceu em 1181 ou 1182, Itália; morreu em 1226. Conhecido como protetor dos animais e da ecologia. Comemoração: 4 de outubro)

O Senhor te abençoe e te guarde.
O Senhor te mostre a sua face e se compadeça de ti.
O Senhor volva o seu rosto para ti e te dê a paz.
O Senhor te abençoe. † Em nome do Pai e do Filho e do Espírito Santo. Amém.

CÂNTICO DAS CRIATURAS DE SÃO FRANCISCO DE ASSIS

Altíssimo, onipotente, bom Senhor,
Teus são o louvor, a glória, a honra
E toda a bênção.

Só a ti, Altíssimo, são devidos;
e homem algum é digno
De te mencionar.

Louvado sejas, meu Senhor,
Com todas as tuas criaturas,
Especialmente o senhor irmão Sol,
Que clareia o dia
E com sua luz nos alumia.
E ele é belo e radiante
Com grande esplendor.
De ti, Altíssimo, é a imagem.

Louvado sejas, meu Senhor,
Pela irmã Lua e as Estrelas,
Que no céu formaste claras
E preciosas e belas.

Louvado sejas, meu Senhor,
Pelo irmão Vento,
Pelo ar, ou nublado,
Ou sereno, e todo o tempo,
Pelo qual às tuas criaturas dás sustento.

Louvado sejas, meu Senhor
Pela irmã Água,
Que é mui útil e humilde
E preciosa e casta.

Louvado sejas, meu Senhor,
Pelo irmão Fogo.
Pelo qual iluminas a noite.
E ele é belo e jucundo
E vigoroso e forte.

Louvado sejas, meu Senhor,
Por nossa irmã a mãe Terra,
Que nos sustenta e governa,
E produz frutos diversos
E coloridas flores e ervas.

Louvado sejas, meu Senhor,
Pelos que perdoam por teu amor,
E suportam enfermidades e tribulações.
Bem-aventurados os que sustentam a Paz,
Que por ti, Altíssimo, serão coroados.

Louvado sejas, meu Senhor,
Por nossa irmã a Morte corporal,
Da qual homem algum pode escapar.
Ai dos que morrerem em pecado mortal!
Felizes os que ela achar
Conformes à tua santíssima vontade,
Porque a morte segunda não lhes fará mal!

Louvai e bendizei a meu Senhor,
E dai-lhe graças,
E servi-o com grande humildade.

ORAÇÃO DIANTE DO CRUCIFIXO

Ó glorioso Deus altíssimo, iluminai as trevas do meu coração, concedei-me uma fé verdadeira, uma esperança firme e um amor perfeito. Dai-me, Senhor, o reto sentir e conhecer, a fim de que possa cumprir o sagrado encargo que na verdade acabais de dar-me. Amém.

São Francisco de Assis

ORAÇÃO A SANTA CLARA

(Santa Clara de Assis nasceu em 1194, Itália; morreu em 1253. Conhecida como padroeira da televisão. Comemoração: 11 de agosto.)

Senhor, que na vossa infinita misericórdia inspirastes a Santa Clara um profundo amor à pobreza evangélica, concedei, por sua intercessão, que seguindo a Cristo na pobreza espiritual mereçamos um dia contemplar-vos no Reino dos Céus. Amém.

- O Senhor todo-poderoso te abençoe.
- Volte para ti os seus olhos misericordiosos e te dê a paz.
- O Senhor derrame sobre ti as graças em abundância, e, no céu, te coloque entre os seus santos.
- O Senhor te abençoe. † Em nome do Pai e do Filho e do Espírito Santo. Amém.

BÊNÇÃO DE SANTO ANTÔNIO

(Santo Antônio de Lisboa ou de Pádua nasceu em 1195, Portugal; morreu em 1231. Conhecido como padroeiro de Portugal, protetor dos pobres, das mulheres grávidas, das pessoas que desejam encontrar objetos perdidos e dos casais. Comemoração: 13 de junho.)

D.: A nossa força está no nome do Senhor!
T.: Que fez o céu e a terra.
D.: Rogai por nós, Santo Antônio.
T.: Para que sejamos dignos das promessas de Cristo.

Oremos: Senhor Deus, nós vos bendizemos pelas vossas maravilhas, operadas em Santo Antônio, vosso confessor e doutor, e vos pedimos que sua intercessão alegre a vossa Igreja, para que ela viva em paz e unidade, caminhando incólume até às alegrias eternas junto de Vós. Por Nosso Senhor Jesus Cristo, vosso Filho, na unidade do Espírito Santo.
T.: Amém.

D.: Eis a Cruz † do Senhor. Afastem-se de vós todos os inimigos da salvação, porque venceu o Leão da tribo de Judá, descendente de Davi, Jesus Cristo, nosso Senhor.
T.: Amém (T.P.: Aleluia!).

ORAÇÃO A SANTA INÊS DE ASSIS

(Santa Inês de Assis nasceu em 1197, Itália; morreu em 1253. Comemoração: 19 de novembro.)

† Em nome do Pai e do Filho e do Espírito Santo.
Ó Deus, que a muitas almas consagradas destes Santa Inês de Assis como modelo de perfeição seráfica, concedei-nos imitar o seu ideal de santidade, para estarmos unidos a Vós na glória dos santos. Por Nosso Senhor Jesus Cristo, vosso Filho, na unidade do Espírito Santo. Pai-nosso. Ave-Maria, Glória-ao-Pai.

ORAÇÃO A SANTA ISABEL DA HUNGRIA

(Santa Isabel da Hungria nasceu em 1207, Eslováquia; morreu em 1231. Conhecida como padroeira da Ordem Franciscana Secular. Comemoração: 17 de novembro.)

Ó Deus, que destes a Santa Isabel da Hungria a graça de reconhecer e venerar o Cristo nos pobres, concedei-nos, por sua intercessão, servir com incansável caridade aqueles que se encontram no sofrimento e na indigência. Por Nosso Senhor Jesus Cristo, vosso Filho, na unidade do Espírito Santo.

Pai-nosso, Ave Maria, Glória-ao-Pai.

ORAÇÃO A SÃO BENEDITO, O NEGRO

(São Benedito, o negro, nasceu em 1524, Itália; morreu em 1589. Conhecido como protetor dos negros e padroeiro dos cozinheiros. Comemoração: 5 de outubro.)

Glorioso São Benedito, grande confessor da fé, com toda confiança venho implorar a vossa valiosa proteção. Vós, a quem Deus enriqueceu com os dons celestes, impetrai-me as graças que ardentemente desejo (*pedir a graça*) para maior glória de Deus. Confortai o meu coração nos desalentos! Fortificai minha vontade para cumprir bem os meus deveres! Sede o meu companheiro nas horas de solidão e desconforto! Assisti-me e guiai-me na vida e na hora da minha morte, para que eu possa bendizer a Deus nesse mundo e gozá-lo na eternidade. Por Cristo, nosso Senhor. Amém.

ORAÇÃO A SÃO PIO DE PIETRELCINA
(PADRE PIO) - 1

(São Pio de Pietrelcina nasceu em 1887, Itália; morreu em 1968. Comemoração: 23 de setembro.)

Jesus, que nada me separe de ti, nem a vida, nem a morte. Seguindo-te em vida, ligado a ti com todo amor, seja-me concedido expirar contigo no calvário, para subir contigo à glória eterna. Seguirei contigo nas tribulações e nas perseguições, para ser um dia digno de amar-te na revelada glória do céu, para cantar-te um hino de agradecimento por todo o teu sofrimento por mim.

Jesus, que eu também enfrente como Tu, com serena paz e tranquilidade, todas as penas e trabalhos que possa encontrar nesta terra; uno tudo aos teus méritos, às tuas penas, às tuas expiações, às tuas lágrimas, a fim de que colabore contigo para a minha salvação e para fugir de todo o pecado – causa que te fez suar sangue e te reduziu à morte. Destrói em mim tudo o que não seja do teu agrado. Com o fogo de tua santa caridade, escreve em meu coração todas as tuas dores. Aperta-me fortemente a ti, com um nó tão estreito e tão suave, que eu jamais te abandone nas tuas dores. Amém.

ORAÇÃO A SÃO PIO DE PIETRELCINA (PADRE PIO) - 2

Ó Deus, que doastes a São Pio de Pietrelcina, sacerdote capuchinho, o insigne privilégio de participar, de modo admirável, da paixão de vosso Filho, por sua intercessão, dai-me a graça (*fazer o pedido*) que tanto desejo; e, sobretudo, concedei-me unir-me à paixão de Jesus, para depois chegar à sua gloriosa ressurreição.
Pai-nosso, Ave-Maria, Glória-ao-Pai.

ORAÇÃO A SANTO FREI GALVÃO

(São Frei Galvão nasceu em 1739, Brasil; morreu em 1822. Conhecido como padroeiro dos pedreiros, dos arquitetos e dos que trabalham na construção civil. Comemoração: 25 de outubro.)

Deus de amor, fonte de todas as graças, dai-nos, por intercessão de Santo Antônio de Sant'Ana Galvão, que ao tomarmos com fé e devoção estas pílulas e rezando vos digneis conceder-me a graça que ardentemente almejo... (*pedir a graça desejada*). Prometo-vos conhecer sempre o Evangelho que Santo Antônio de Sant'Ana Galvão viveu, cultivar a vida eucarística e a devoção à Imaculada Virgem Maria.
Santo Antônio de Sant'Ana Galvão, rogai por nós. Amém.
Pai-nosso, Ave-Maria, Glória-ao-Pai.

Orações da Santa Missa

ATO PENITENCIAL

S.: Senhor, tende piedade de nós.
T.: Senhor, tende piedade de nós.
S.: Cristo, tende piedade de nós.
T.: Cristo, tende piedade de nós.
S.: Senhor, tende piedade de nós.
T.: Senhor, tende piedade de nós.

GLÓRIA

S.: Glória a Deus nas alturas,
T.: e paz na terra aos homens por Ele amados. Senhor Deus, Rei dos Céus, Deus Pai todo-poderoso: nós vos louvamos, nós vos bendizemos, nós vos adoramos, nós vos glorificamos, nós vos damos graças por vossa imensa glória. Senhor Jesus Cristo, Filho Unigênito, Senhor Deus, Cordeiro de Deus, Filho de Deus Pai: Vós que tirais o pecado do mundo, tende piedade de nós; Vós que tirais o pecado do mundo, acolhei a nossa súplica; Vós que estais à direita do Pai, tende piedade de nós. Só Vós sois o Santo; só Vós, o Senhor; só Vós, o Altíssimo, Jesus Cristo; com o Espírito Santo, na glória de Deus Pai. Amém.

SANTO

Santo, Santo, Santo, Senhor Deus do Universo. O céu e a terra proclamam a vossa glória. Hossana nas alturas. Bendito o que vem em nome do Senhor. Hossana nas alturas.

ORAÇÃO PELA PAZ

S.: Senhor Jesus Cristo, que dissestes aos vossos apóstolos: Deixo-vos a paz, dou-vos a minha paz: não olheis os nossos pecados,

mas a fé da vossa Igreja, e dai-lhe a união e a paz, segundo a vossa vontade, Vós que sois Deus com o Pai na unidade do Espírito Santo.
T.: Amém.

CORDEIRO DE DEUS

Cordeiro de Deus, que tirais o pecado do mundo, tende piedade de nós. Cordeiro de Deus, que tirais o pecado do mundo, tende piedade de nós. Cordeiro de Deus, que tirais o pecado do mundo, dai-nos a paz.

Adoração ao Santíssimo Sacramento

D.: Graças e louvores se deem a todo momento.
T.: Ao Santíssimo e Diviníssimo Sacramento (três vezes).
D.: Meu Deus, eu creio, adoro, espero e amo-vos.
T.: Peço-vos perdão para os que não creem, não adoram, não esperam e não vos amam.

D.: Santíssima Trindade, Pai e Filho e Espírito Santo, adoro-vos profundamente e ofereço-vos o Preciosíssimo Corpo, Sangue, Alma e Divindade de Jesus Cristo, presente em todos os sacrários da terra, em reparação dos ultrajes, sacrilégios e indiferenças com que Ele mesmo é ofendido. E pelos méritos infinitos do seu Santíssimo Coração e do Coração Imaculado de Maria, peço-vos a conversão dos pobres pecadores.

D.: Graças e louvores se deem a todo momento.
T.: Ao Santíssimo e Diviníssimo Sacramento (três vezes).
(*Pode se fazer a leitura de algum trecho do Evangelho e uma meditação.*)

BÊNÇÃO DO SANTÍSSIMO - 1

Tão sublime sacramento, adoremos neste altar. Pois o Antigo Testamento, deu ao Novo o seu lugar. Venha a fé, por suplemento, os sentidos completar. Ao eterno Pai cantemos, e a Jesus, o Salvador. Ao Espírito exaltemos, na Trindade é eterno amor. Ao Deus Uno e Trino demos a alegria do louvor. Amém.
D.: Vós sois o Pão que desceu dos céus.
T.: Para dar a vida ao mundo.

BÊNÇÃO DO SANTÍSSIMO - 2

D.: Do céu lhes destes o pão (T.P.: Aleluia).
T.: Que contém em si todo o sabor (T.P.: Aleluia).

Oremos: Ó Deus, que em admirável sacramento nos deixastes o memorial da vossa paixão, concedei-nos, vos pedimos, venerar de tal modo os sagrados mistérios do vosso Corpo e Sangue, que sempre tenhamos conosco o fruto da vossa redenção. Vós que sois Deus, com o Pai, na unidade do Espírito Santo.
T.: Amém.

ORAÇÃO PARA APÓS A BÊNÇÃO DO SANTÍSSIMO

Bendito seja Deus. Bendito o seu Santo Nome. Bendito Jesus Cristo verdadeiro Deus e verdadeiro homem.

Bendito o Nome de Jesus. Bendito o seu Santíssimo Coração. Bendito o seu Preciosíssimo Sangue. Bendito Jesus no Santíssimo Sacramento do Altar. Bendito o Espírito Santo Paráclito. Bendita a excelsa Mãe de Deus, Maria Santíssima. Bendita a sua Santa e Imaculada Conceição. Bendita a sua gloriosa Assunção. Bendito o nome de Maria Virgem e Mãe.

Bendito São José, seu castíssimo Esposo. Bendito Deus nos seus anjos e nos seus santos.

Orações ao Divino Espírito Santo

INVOCAÇÃO AO ESPÍRITO SANTO

Vinde, Espírito Santo, enchei os corações dos vossos fiéis, acendei neles o fogo do vosso amor. Enviai, Senhor, o vosso Espírito e tudo será criado e renovareis a face da terra.

Oremos: Ó Deus, que instruís os corações dos vossos fiéis com a luz do Espírito Santo, fazei que apreciemos retamente todas as coisas segundo o mesmo Espírito e gozemos sempre da sua consolação. Por Cristo, nosso Senhor. Amém.

ORAÇÃO AO ESPÍRITO SANTO

Ó Espírito Santo! Amor do Pai e do Filho, inspirai-me sempre o que devo pensar, o que devo dizer, como dizê-lo, o que devo calar, o que devo escrever, como devo agir, o que devo fazer para procurar vossa glória, o bem das pessoas e minha própria santificação.

Consagração ao Sagrado Coração de Jesus

(Primeira sexta-feira do mês)

Dulcíssimo Jesus, Redentor do gênero humano, lançai sobre nós, que humildemente estamos prostrados diante do vosso altar, os vossos olhares. Nós somos e queremos ser vossos; e, a fim de podermos viver mais intimamente unidos a Vós, cada um de nós se consagra espontaneamente ao vosso Santíssimo Coração.

Muitos há que nunca vos conheceram; muitos, desprezando os vossos mandamentos, vos renegaram. Benigníssimo Jesus, tende piedade de uns e de outros, e trazei-os todos ao vosso Sagrado Coração. Senhor, sede Rei não somente dos fiéis que nunca de Vós se afastaram, mas também dos filhos pródigos que vos abandonaram; fazei que estes voltem, quanto antes, à casa paterna, para que não pereçam de miséria e de fome. Sede rei dos que vivem no erro ou separados de Vós pela discórdia; trazei-os ao porto de verdade e à unidade da fé, a fim de que em breve haja um só rebanho e um só pastor. Senhor, conservai incólume a vossa Igreja e dai-lhe uma liberdade segura e sem peias; concedei ordem e paz a todos os povos; fazei que de um polo ao outro do mundo ressoe uma só voz: Louvado seja o Coração divino que nos trouxe a salvação; honra e glória a Ele por todos os séculos dos séculos. Amém.

Oração à Santíssima Trindade

Glória ao Pai que, por seu poder, me criou à sua imagem e semelhança! Glória ao Filho que, por amor, me libertou de todas as frustrações e me abriu a porta do céu! Glória ao Espírito Santo que, por sua misericórdia, me santificou e continuamente realiza esta santificação pelas graças que todos os dias recebo de sua bondade! Glória às três adoráveis pessoas da Trindade, como era no princípio, agora e sempre e por todos os séculos dos séculos! Eu vos adoro, Trindade beatíssima, com devoção e profundo respeito, e vos dou graças por nos haverdes revelado tão glorioso e inefável mistério. Humildemente vos suplico: concedei-me que, perseverando até a morte nesta crença, possa ver e glorificar no céu o que firmemente creio na terra: um Deus em três pessoas distintas: Pai e Filho e Espírito Santo. Amém.

Terço da Divina Misericórdia

Para rezar o Terço da Divina Misericórdia pode-se usar um terço normal. Rezar conforme a sequência abaixo:

No princípio: Sinal da Cruz, Pai-nosso, Ave-Maria, Credo.

Nas contas grandes/maiores do Terço, ao rezar o Pai-nosso, diz-se: Eterno Pai, eu vos ofereço o corpo e o sangue, a alma e a divindade do vosso diletíssimo Filho, Nosso Senhor Jesus Cristo, em expiação dos nossos pecados e dos do mundo inteiro.

Nas contas pequenas/menores do Terço, ao rezar a Ave-Maria, diz-se: Pela sua dolorosa paixão, tende misericórdia de nós e do mundo inteiro.

No fim do terço, reza-se por três vezes: Deus Santo, Deus Forte, Deus Imortal, tende piedade de nós e do mundo inteiro.

Oração conclusiva

Deus, Pai Misericordioso, que revelaste teu amor em teu Filho Jesus Cristo e o derramaste sobre nós no Espírito Santo, confiamos-te hoje o destino do mundo e de cada homem. Dobre-se sobre nós pecadores, cure nossa fraqueza, vença todo o mal, deixe que todos os habitantes da terra experimentem a tua misericórdia, para que em ti, o Deus Trino, possam sempre encontrar a fonte da esperança. Pai Eterno, pela dolorosa paixão e ressurreição de teu Filho, tende piedade de nós e do mundo inteiro. Amém.

Orações a Nossa Senhora

O ANJO DO SENHOR - *ANGELUS*

D.: O Anjo do Senhor anunciou a Maria.
R.: E ela concebeu do Espírito Santo.
– Ave Maria...
D.: Eis aqui a serva do Senhor.
R.: Faça-se em mim segundo a vossa Palavra.
– Ave Maria...
D.: E o Verbo se fez carne.
R.: E habitou entre nós.
– Ave Maria...
D.: Rogai por nós, Santa Mãe de Deus.
R.: Para que sejamos dignos das promessas de Cristo.

Oremos: Infundi, Senhor, nós vos suplicamos, a vossa graça em nossas almas, para que nós, que pela anunciação do Anjo conhecemos a encarnação de Jesus Cristo, vosso Filho, por sua Paixão e morte de cruz, cheguemos à glória da ressurreição. Pelo mesmo Cristo, Senhor Nosso. Amém.
3 Glória-ao-Pai.

RAINHA DO CÉU - *REGINA CAELI*

(Para o Tempo Pascal)

D.: Rainha do Céu, alegrai-vos: Aleluia.
R.: Porque aquele a quem merecestes trazer em vosso ventre. Aleluia.
D.: Ressuscitou como disse. Aleluia.
R.: Rogai por nós a Deus. Aleluia.
D.: Exultai e alegrai-vos, ó Virgem Maria. Aleluia.
R.: Porque o Senhor ressuscitou verdadeiramente. Aleluia.

Oremos: Ó Deus, que vos dignastes alegrar o mundo com a ressurreição de vosso Filho, Nosso Senhor Jesus Cristo, concedei-nos que por intercessão de sua Santa Mãe, a Virgem Maria, alcancemos os inefáveis gozos da vida eterna. Pelo mesmo Jesus Cristo, nosso Senhor. Amém.
3 Glória-ao-Pai

À VOSSA PROTEÇÃO

À vossa proteção nos acolhemos, Santa Mãe de Deus; não desprezeis as nossas súplicas em nossas necessidades, mas livrai-nos de todos os perigos, ó Virgem gloriosa e bendita!

CONSAGRAÇÃO AO IMACULADO CORAÇÃO DE MARIA
(Primeiro sábado do mês)

Ó Maria, Virgem poderosa e Mãe de misericórdia, Rainha do Céu e Refúgio dos pecadores, nós nos consagramos ao vosso Coração Imaculado. Consagramo-vos inteiramente o nosso ser e nossa vida, tudo o que possuímos, tudo o que amamos, tudo o que somos; para vós o nosso corpo, o nosso coração, a nossa alma; para vós o nosso ser, a nossa família, a nossa pátria. Tudo em nós e à volta de nós vos pertence de hoje em diante; e para tudo imploramos, por isso, o benefício da vossa bênção materna. Mas, para que esta consagração seja eficaz e duradoura, renovamos hoje a vossos pés, ó Maria, os compromissos tomados no nosso batismo e as nossas promessas feitas no dia da nossa primeira comunhão e confirmação. Comprometemo-nos a confessar sempre e corajosamente as verdades da fé, e submetermo-nos sempre e em tudo, como verdadeiros católicos, à direção do papa e dos bispos e a viver em fiel comunhão com eles. Comprometemo-nos a observar conscienciosamente os mandamentos de Deus e da Igreja e, muito em particular, o da santificação do domingo. Comprometemo-nos a introduzir na nossa vida as práticas consoladoras da nossa religião, sobretudo a de comungarmos com frequência possível e de rezarmos diariamente o terço. Enfim, ó gloriosa Mãe dos homens, comprometemo-nos a pôr todo o nosso coração e empenho em servir-vos e honrar-vos, a fim de estabelecermos mais pronta e firmemente, graças ao vosso Coração Imaculado, o Reino do Coração do vosso adorável Filho sobre as nossas almas, sobre a alma de todos os homens, sobre a nossa pátria e sobre todo o mundo, para que Ele reine na terra como no céu. Amém.

CONSAGRAÇÃO A NOSSA SENHORA

Ó Senhora minha, ó minha Mãe, eu me ofereço todo a vós e, em prova da minha devoção para convosco, vos consagro neste dia os meus olhos, os meus ouvidos, a minha boca, o meu coração e inteiramente todo o meu ser; e porque assim sou todo vosso, ó incomparável Mãe, guardai-me e defendei-me como coisa e propriedade vossa. Amém.

CONSAGRAÇÃO DA FAMÍLIA A NOSSA SENHORA

Ó Virgem Imaculada, nós vos consagramos hoje o nosso lar e todos os que nele habitam. Que a nossa casa seja, como a de Nazaré, uma morada de paz e de felicidade na prática da caridade no pleno abandono à Divina Providência. Sede o nosso modelo, ó Maria, regrai nossos pensamentos, nossos atos e toda a nossa vida. É bem medíocre o tributo do nosso amor, mas vós aceitareis pelo menos a homenagem de nossa boa vontade.
3 Ave-Marias.
Ó Maria, concebida sem pecado, rogai por nós que recorremos a vós.

LEGIÃO DE MARIA

(Orações para o início da reunião)

† Em nome do Pai e do Filho e do Espírito Santo. Amém.
Vinde, Espírito Santo, enchei os corações dos vossos fiéis e acendei neles o fogo do vosso amor. Enviai, Senhor, o vosso Espírito e tudo será criado. E renovareis a face da terra.

Oremos: Ó Deus, que iluminastes os corações dos vossos filhos com a luz do Espírito Santo, tornai-nos dóceis às suas inspirações, para apreciarmos retamente todas as coisas e gozarmos da sua consolação. Por Cristo, nosso Senhor. Amém.

D.: Abri, Senhor, os meus lábios.
R.: E a minha boca anunciará o vosso louvor.
D.: Deus, vinde em meu auxílio.
R.: Senhor socorrei-me e salvai-me.
D.: Glória ao Pai e ao Filho e ao Espírito Santo.
R.: Como era no princípio, agora e sempre. Amém.
(*seguem-se cinco dezenas do rosário com a Salve-Rainha*).
D.: Rogai por nós, Santa Mãe de Deus.
R.: Para que sejamos dignos das promessas de Cristo.

Oremos: Ó Deus, cujo Filho Unigênito, por sua vida, morte e ressurreição, nos obteve o prêmio da salvação eterna, concedei-nos, nós vo-lo pedimos, que, meditando estes mistérios do sacratíssimo rosário da Bem-aventurada Virgem Maria, imitemos o que contêm e consigamos o que prometem. Pelo mesmo Cristo, Senhor nosso. Amém.

Coração Sacratíssimo de Jesus, **tende piedade de nós.**
Coração Imaculado de Maria, **rogai por nós.**
São José, **rogai por nós.**
São João Evangelista, **rogai por nós.**
São Luís Maria de Montfort, **rogai por nós.**
† Em nome do Pai e do Filho e do Espírito Santo. Amém.

LEMBRAI-VOS

Lembrai-vos, ó piíssima Virgem Maria, que nunca se ouviu dizer que algum daqueles que têm recorrido à vossa proteção, implorado a vossa assistência e reclamado o vosso socorro fosse por vós desamparado.

Animado eu, pois, de igual confiança, a vós, ó Virgem entre todas singulares, como a minha mãe recorro, de vós me valho, e gemendo sob o peso dos meus pecados me prostro a vossos pés. Não desprezeis as minhas súplicas, ó Mãe do Filho de Deus humanado, mas dignai-vos de as ouvir propícia e de me alcançar o que vos rogo. Amém.

MAGNIFICAT

(Na oração da tarde)
A minha alma glorifica ao Senhor
e o meu espírito se alegra em Deus, meu Salvador.
Porque pôs os olhos na humildade da sua serva:
de hoje em diante me chamarão bem-aventurada
todas as gerações.
O Todo-poderoso fez em mim maravilhas:
Santo é o seu nome.
A sua misericórdia se estende de geração em geração
sobre aqueles que o temem.
Manifestou o poder do seu braço
e dispersou os soberbos.
Derrubou os poderosos de seus tronos
e exaltou os humildes.
Aos famintos encheu de bens
e aos ricos despediu de mãos vazias.
Acolheu a Israel, seu servo,
lembrado da sua misericórdia,
como tinha prometido a nossos pais,
a Abraão e à sua descendência para sempre.
Glória ao Pai e ao Filho
e ao Espírito Santo,
como era no princípio,
agora e sempre. Amém.

Ó SENHORA MINHA

Ó Senhora minha, ó minha Mãe! Eu me ofereço todo(a) a vós. E em prova da minha devoção para convosco vos consagro neste(a) dia (noite) os meus olhos, os meus ouvidos, a minha boca, o meu coração, inteiramente todo o meu ser. E, porque assim sou vosso(a), ó incomparável Mãe, guardai-me e defendei-me como coisa própria vossa.

TODA FORMOSA - *TOTA PULCHRA*

(Para os sábados)

Vós sois toda formosa, ó Maria,
- **E o pecado original não vos manchou.**

Vós sois a glória de Jerusalém
- **Vós sois a alegria de Israel.**
Vós sois a honra do nosso povo.
- **Vós sois a advogada dos pecadores**
Ó Maria.
- **Ó Maria**
Virgem prudentíssima.
- **Mãe clementíssima**
Rogai por nós.
- **Intercedei por nós junto a Nosso Senhor Jesus Cristo.**
Na vossa Conceição, ó Virgem Maria, fostes Imaculada.
- **Rogai por nós ao Pai, cujo Filho gerastes.**

Oremos: Ó Deus, que pela Imaculada Conceição da Virgem preparastes ao vosso filho uma digna morada, nós vos rogamos que, tendo-a preservado de toda mancha na previsão da morte do vosso mesmo Filho, nos concedais pela sua intercessão a graça de chegarmos até Vós, também purificados de todo pecado. Por Cristo nosso Senhor. Amém.

SALVE-RAINHA

Salve, Rainha, Mãe de misericórdia, vida, doçura e esperança nossa, salve! A vós bradamos, os degredados filhos de Eva. A vós suspiramos, gemendo e chorando neste vale de lágrimas. Eia, pois, advogada nossa, esses vossos olhos misericordiosos a nós volvei, e depois deste desterro mostrai-nos Jesus, bendito fruto do vosso ventre, ó clemente, ó piedosa, ó doce Virgem Maria. Amém.

ORAÇÃO A NOSSA SENHORA PELAS CRIANÇAS

Ó Maria, Mãe de Deus e nossa Mãe santíssima, abençoai nossas crianças que vos são consagradas. Guardai-as com cuidado maternal, para que nenhuma delas se perca. Defendei-as contra as ciladas do inimigo e contra os escândalos do mundo, para que sejam sempre humildes, mansas e puras. Ó Mãe nossa, Mãe de misericórdia, rogai por nós e, depois desta vida, mostrai-nos Jesus, bendito fruto de vosso ventre. Ó clemente, ó piedosa, ó doce sempre virgem Maria. Amém.

ORAÇÃO A NOSSA SENHORA DA ÁFRICA

Concedei, Senhor, aos vossos servos a perfeita saúde da alma e do corpo e, por intercessão da Virgem Santa Maria, livrai-nos das tristezas do tempo presente e dai-nos as alegrias eternas. Amém.

ORAÇÃO A NOSSA SENHORA DOS ANJOS - 1

Santa Virgem Maria, não há mulher nascida no mundo semelhante a vós, filha e serva do altíssimo Rei e Pai celestial. Mãe de nosso santíssimo Senhor Jesus Cristo, esposa do Espírito Santo. Rogai por nós com São Miguel Arcanjo e todas as virtudes do céu e todos os santos junto a vosso santíssimo e dileto Filho, nosso Senhor e Mestre. Amém.

São Francisco de Assis

ORAÇÃO A NOSSA SENHORA DOS ANJOS - 2

Ó Nossa Senhora dos Anjos, nós recorremos à vossa maternal proteção; vós que sois a Mãe de Deus e a Mãe da Igreja. Diante de vosso Filho Salvador, intercedei por nós, que somos peregrinos neste mundo. Aos pés da cruz, vós recebestes a missão de ser mãe de todo gênero humano. Ensinai-nos a realizar a vontade do Pai e defendei-nos de todos os males. Por isso, com todos os anjos do céu, vos saudamos: Ave Maria...

ORAÇÃO A NOSSA SENHORA APARECIDA

Ó incomparável Senhora da Conceição Aparecida. Mãe de meu Deus, rainha dos anjos, advogada dos pecadores, refúgio e consolação dos aflitos e atribulados, ó Virgem Santíssima, cheia de poder e bondade, lançai sobre nós um olhar favorável, para que sejamos socorridos em todas as necessidades.

Lembrai-vos, clementíssima Mãe Aparecida, que não consta que de todos os que têm a vós recorrido, invocado vosso santíssimo nome e implorado vossa singular proteção, fosse por vós alguém abandonado. Animado com esta confiança a vós recorro: tomo-vos de hoje para sempre por minha mãe, minha consoladora e guia, minha esperança e minha luz na hora da morte.

Assim, pois, Senhora, livrai-me de tudo o que possa ofender-vos e a vosso Filho, meu Redentor e Senhor Jesus Cristo.

Virgem bendita, preservai este vosso indigno servo, esta casa e seus habitantes, da peste, fome, guerra, raios, tempestades e outros perigos e males que nos possam flagelar. Soberana Senhora, dignai-vos dirigir-nos em todos os negócios espirituais e temporais; livrai-nos da tentação do demônio, para que, trilhando o caminho da virtude, pelos merecimentos da vossa puríssima virgindade e do preciosíssimo sangue de vosso Filho, vos possamos ver, amar, e gozar na eterna glória, por todos os séculos dos séculos. Amém.

ORAÇÃO A NOSSA SENHORA DA BOA VIAGEM

Virgem Santíssima, Senhora da Boa Viagem, esperança infalível dos filhos da Santa Igreja, sois guia e eficaz auxílio dos que transpõem a vida por entre perigos do corpo e da alma. Refugiando-nos sob o vosso olhar materno, empreendemos nossas viagens, certos do êxito que obtivestes quando vos encaminhastes para visitar vossa prima Santa Isabel. Em constante crescimento na prática de todas as virtudes transcorreu a vossa vida, até o sublime momento de subirdes gloriosa para os céus. Nós vos suplicamos, pois, ó Mãe querida: velai por nós, amados filhos vossos, alcançando-nos a graça de seguir os vossos passos, assistidos por Jesus e São José, na peregrinação desta vida e na hora derradeira de nossa partida para a eternidade. Amém.

ORAÇÃO A NOSSA SENHORA DO CARMO

Ó Virgem do Carmo, nossa Mãe e Senhora, a vossa devoção se expandiu do Monte Carmelo para o mundo inteiro, por meio dos primeiros cristãos que encontraram proteção sob o vosso manto materno e, em meio às perseguições, puderam sentir a força e o consolo de vossa companhia. Nós vos suplicamos, Mãe querida: nas dores, consolação; nas dificuldades do caminho, perseverança e coragem; nas tribulações, confiança. Pedimos vossa intercessão pelos enfermos, para que sejam restabelecidos na saúde. Rogai pelas almas do purgatório, para que sejam purificadas e libertas, a fim de que possam entrar na glória de Deus. Caminhai conosco, ó Mãe, e intercedei a Deus por nós, para que sejamos dignos das promessas de Cristo. Amém.

ORAÇÃO A NOSSA SENHORA DA CONCEIÇÃO

Ó rosa mística de pureza, Maria Santíssima, nós nos alegramos convosco por terdes, na vossa imaculada Conceição, triunfado gloriosamente da infernal serpente, sendo concebida sem a mancha do pecado original.

Agradecemos e louvamos a Santíssima Trindade que vos concedeu tal privilégio, e vos suplicamos nos alcanceis forças para vencer todas as ciladas do demônio e nunca manchar a nossa alma com o pecado.

- Ave Maria...
- Ó Maria, concebida sem pecado,
- **Rogai por nós, que recorremos a vós.**

ORAÇÃO A NOSSA SENHORA DESATADORA DE NÓS

Ó Virgem Santa Maria, Mãe e servidora, que nunca deixais de vir em socorro dos aflitos, porque o Senhor vos encarregou de desatar os nós da vida dos vossos filhos, voltai para mim o vosso olhar compassivo e vede o emaranhado de nós que há em minha vida: no trabalho, na família, nos negócios, no passado e no presente. Por mais que eu tente encontrar soluções, sinto-me sempre no mesmo lugar. Tristeza, angústia e desespero me assaltam todos os dias.

Ó Senhora minha, eu me entrego aos vossos cuidados, porque creio que nada nem ninguém, nem mesmo o maligno, poderá arrancar-me do vosso poderoso amparo. Em vossas mãos não há nó que não possa ser desfeito, nem algema que não possa ser quebrada. Mãe querida, por vossa graça e pela força de vossa intercessão a vosso filho Jesus, meu Senhor e libertador, desatai todos os nós que amarram e oprimem a minha vida. E seja assim, para a glória de Deus!

Maria, Desatadora de Nós, ouvi minha súplica e rogai por mim! Amém.

ORAÇÃO A NOSSA SENHORA DAS DORES

Senhor, que, na vossa admirável providência, quisestes que, junto do vosso Filho, elevado sobre a cruz, estivesse sua Mãe, participando nos seus sofrimentos, concedei à vossa Igreja que, associada com Maria à paixão de Cristo, mereça ter parte na sua ressurreição. Amém.

ORAÇÃO A NOSSA SENHORA DE FÁTIMA

Deus de infinita bondade, que nos destes a Mãe do vosso Filho como nossa Mãe, concedei-nos que, seguindo os seus ensinamentos e com o espírito de verdadeira penitência e oração, trabalhemos generosamente pela salvação do mundo e pela dilatação do reino de Cristo. Ele que é Deus convosco na unidade do Espírito Santo. Amém.

NOSSA SENHORA DE LA SALETE

Ó Maria, nossa Mãe, que no monte da Salete vos dignastes aparecer a dois pequenos pastores para nos recomendar a oração como meio de conversão da humanidade, rogai por nós, vossos filhos e filhas pecadores e tantas vezes ingratos, para que tomemos com seriedade a tarefa de nossa conversão, avaliados por vossa intercessão. Ó Virgem Santíssima, acompanhai-nos nas estradas do mundo, rumo ao céu, e ajudai-nos a colocar só em Deus o nosso coração, porque desejamos amá-lo sobre todas as coisas. E amando-o assim, queremos consolar-vos por uma vida santa que nos habilite a estar um dia convosco, na glória eterna. Amém.

ORAÇÃO A NOSSA SENHORA DE LOURDES

Ó Mãe de amor, que vos apresentastes em Lourdes como a Senhora da Imaculada Conceição, a vós recorremos em nossos sofrimentos e aflições, sobretudo em nossas necessidades espirituais, e acreditamos que a vossa intercessão nos será valiosa para o nosso crescimento na fé. Bendita sejais, Senhora da Imaculada Conceição, pelos extraordinários benefícios que não cessais de espargir não só em Lourdes, mas também no mundo inteiro. Nós vos suplicamos, ó Mãe, que nos ajudeis a realizar nossas esperanças de conversão, de santificação e de perseverança nos ensinamentos de Jesus, vosso filho, o único caminho que nos leva ao Pai. Nossa Senhora de Lourdes, rogai por nós! Sede nossa advogada e intercedei constantemente em nosso favor. Amém.

ORAÇÃO A NOSSA SENHORA MARIA AUXILIADORA - 1

Ó Maria, Virgem poderosa, tu grande e ilustre defensora da Igreja; tu, auxílio maravilhoso dos cristãos; tu, terrível como exército em ordem de batalha; tu destruíste todas as heresias em todo mundo. Ah! Nas nossas angústias, nas nossas lutas, nas nossas aflições, defende-nos do inimigo; e, na hora da morte, acolhe a nossa alma no paraíso. Amém.

ORAÇÃO A NOSSA SENHORA MARIA AUXILIADORA - 2

Ó Maria, Senhora nossa e Mãe querida, buscamos o vosso auxílio nas aflições e lutas de nossa caminhada cristã. Sede nosso auxílio e poderosa proteção contra os males que assaltam nossa fé, abalam nossas famílias e arrastam para longe da Igreja o coração dos nossos jovens. Sede o auxílio dos que evangelizam proclamando o nome de Jesus e difundindo o amor para convosco. Volvei o vosso olhar e estendei as vossas mãos para todas as pessoas que vacilam na fé, para que descubram no mistério da própria existência as indubitáveis provas da presença de Deus e do seu amor incondicional para com elas. Maria Auxiliadora, rogai por nós! Amém.

ORAÇÃO A NOSSA SENHORA DAS MERCÊS

Virgem Maria, Mãe das Mercês, com humildade acorremos a vós, certos de que não nos abandonais por causa de nossas limitações e faltas. Animados pelo vosso amor de Mãe, oferecemo-vos nosso corpo para que o purifiqueis, nossa alma para que a santifiqueis, o que somos e o que temos, consagrando tudo a vós. Amparai, protegei, bendizei e guardai sob a vossa maternal bondade a todos e a cada um dos membros desta família que se consagra totalmente a vós. Ó Maria, Mãe e Senhora nossa das Mercês, apresentai-nos ao vosso Filho Jesus, para que, por vosso intermédio, alcancemos, na terra, a sua graça e depois a vida eterna. Amém.

ORAÇÃO A NOSSA SENHORA DA MUXIMA

Ó Mama Muxima, tu que foste Imaculada desde a tua concepção e, apesar da dor, recebeste em teu seio o salvador do mundo, Jesus Cristo, Senhor nosso, te pedimos que venha em auxílio do povo angolano. Povo que carrega no coração a dor e a humilhação da miséria, mas continua esperançoso por dias melhores; povo que chora e lamenta, mas com a certeza de que um dia sorrirá; povo peregrino em direção ao dia que não tem ocaso; povo que embora cansado te louva. Ó Senhora das águas do Rio Kwanza, pedi ao teu Filho que, com essa mesma água, nos purifique de todo pecado e iniquidade. Lá do céu, Mama "Ceçá", velai por esse povo que tanto te ama. Cubra-nos, nossa Mama, com o teu manto de amor para um dia estarmos juntos de ti e do teu Filho, Jesus Cristo. Amém.

Frei Ermelindo Bambi, OFM

NOSSA SENHORA DOS NAVEGANTES

Ó Mãe gloriosa e bendita, Nossa Senhora dos Navegantes, todos que recorrem à vossa proteção, diante dos perigos dos rios e mares, são atendidos com socorro e orientação para chegarem em segurança ao porto de destino.

Também eu, ó Mãe, sinto os perigos das fortes ondas e tempestades que ameaçam o mar da vida. Recorro à vossa proteção para não sucumbir, nem deixar minha alma exposta à perdição.

Intercedei por mim, alcançando-me a graça de perseverar na fé, na bondade e na caridade, como expressão do meu amor a Deus e aos irmãos e da minha devoção para convosco. Amém.

ORAÇÃO A NOSSA SENHORA DE NAZARÉ

Ó Virgem Mãe amorosa, Senhora de Nazaré, mulher humilde e serva do Senhor, que foi escolhida, entre todas as mulheres, para ser a mãe do Salvador, ensinai-nos a cumprir a vontade de Deus, como fizestes. Sede presença em nossas vidas, pois sabemos que por todos os caminhos derramais graça e beleza, transformando as durezas, em suavidade de flores. Nossa Senhora de Nazaré, rogai por nós!

ORAÇÃO A NOSSA SENHORA DO PERPÉTUO SOCORRO

Ó Mãe do Perpétuo Socorro, repleto(a) de confiança recorro à vossa intercessão, porque faço parte da multidão de pecadores que encontram em vós refúgio, socorro e esperança.

Sei que me afastei do reto caminho e pequei muitas vezes, porque não me confiei à vossa proteção e fui surdo(a) à voz de Deus, insensível à ação do Espírito Santo.

Ajudai-me, ó Mãe, porque eu me recomendo a vós. Socorrei-me quando vos invocar nas ocasiões de perigo para a minha alma, pois desejo muito caminhar para Deus, conduzido(a) por vossas mãos. Mãe do Perpétuo Socorro, rogai por mim e por todos que recorrem a vós! Amém.

ORAÇÃO A NOSSA SENHORA DO ROSÁRIO

Nossa Senhora do Rosário, dai a todos os cristãos a graça de compreender a grandiosidade da devoção do santo rosário, no qual, à recitação da Ave-Maria, se junta a profunda meditação dos santos mistérios da vida, da morte e ressurreição de Jesus, vosso Filho e nosso Redentor.

Acompanhai-nos, ó Maria, na recitação do terço, para que por meio desta devoção cheguemos ao mistério amoroso de Jesus. Nossa Senhora do Rosário, levai-nos à vitória em todas as lutas da vida, por vosso filho, Jesus Cristo, na unidade do Espírito Santo. Amém.

ORAÇÃO A NOSSA SENHORA DAS VITÓRIAS

Santíssima Virgem Maria, Nossa Senhora das Vitórias, filha dileta de Deus Pai, Mãe de Jesus, nosso Salvador, tabernáculo do Espírito Santo, eis-me aqui diante de vossa imagem, para consagrar-me inteiramente a vós. Trago-vos, Senhora, a minha vida, meu trabalho, os sofrimentos e as alegrias, as lutas e as esperanças, tudo que tenho e que sou para oferecer ao vosso filho por vossas mãos de mãe. Sou todo vosso, ó Maria. Peço vossa proteção para nunca abandonar a fé católica, traindo a Jesus. Conservai-me na graça de vosso divino filho. Dai-me força para viver de verdade o amor fraterno e assumir minha responsabilidade de cristão no mundo. Ó Senhora das Vitórias, aceitai-me como filho(a) e guardai-me sob o vosso manto protetor. Amém.

Ó MARIA

Ó Maria, tu sempre brilhas em nosso caminho como sinal de salvação e esperança. Nós nos entregamos a ti, saúde dos enfermos, que na cruz foste associada à dor de Jesus, mantendo firme a tua fé. Tu, salvação do povo angolano, sabes do que precisamos e temos a certeza de que garantirás, como em Caná da Galileia, que possam retomar a alegria e a festa após este momento de provação. Ajuda-nos, Mãe do Divino Amor, a nos conformarmo-nos à vontade do Pai e a fazer o que Jesus nos disser. Ele que tomou sobre si os nossos sofrimentos e as nossas dores para nos levar, através da cruz, à alegria da Ressurreição. Amém.

ORAÇÃO DO SANTO TERÇO

Rezemos o terço do rosário e, com Nossa Senhora, meditemos os mistérios da nossa salvação.

D.: Deus, vinde em nosso auxílio,
R.: Senhor, socorrei-nos e salvai-nos.
D.: Glória ao Pai e ao Filho e ao Espírito Santo...
D.: Ó Maria concebida sem pecado.
R.: Rogai por nós que recorremos a vós.
D.: Ó meu Jesus, perdoai-nos e livrai-nos do fogo do inferno,
R.: Levai as almas todas para o céu, especialmente as que mais precisarem.

MISTÉRIOS GOZOSOS

(Segundas-feiras e sábados)
1. A anunciação do Arcanjo São Miguel à Nossa Senhora (Lc 1, 26-38).
2. A visitação de Nossa Senhora à sua prima Santa Isabel (Lc 1,39-56).
3. O nascimento de Jesus em Belém (Lc 2,1-20).
4. A apresentação do Menino Jesus no Templo e a purificação de Nossa Senhora (Lc 2,22-38).
5. A perda e o encontro do Menino Jesus no Templo (Lc 2,41-50).

MISTÉRIOS DOLOROSOS

(Terças e sextas-feiras)
1. A oração e agonia de Jesus no horto (Mt 26,36-46).
2. A flagelação de Jesus Cristo atado à coluna (Mt 27,11-26).
3. A coroação de espinhos (Mt 27,27-31).
4. Jesus levando a cruz para o Calvário (Lc 23,26-34).
5. A crucifixão e morte de Nosso Senhor Jesus Cristo (Lc 19,25-30).

MISTÉRIOS GLORIOSOS

(Quartas-feiras e domingos)
1. A ressurreição de Nosso Senhor Jesus Cristo (Lc 24,1-8).
2. A ascensão de Jesus ao céu (At 1,6-11).
3. A vinda do Espírito Santo sobre os apóstolos (At 2,1-4).
4. A assunção de Nossa Senhora ao céu (1Cor 15,12-22).
5. A coroação de Nossa Senhora no céu sobre os anjos e os santos (Ap 12,1-17).

MISTÉRIOS LUMINOSOS

(Quintas-feiras)
1. O batismo de Jesus no Jordão (Mt 3,13-17).
2. A autorrevelação de Jesus nas Bodas de Caná (Jo 2,1-12).
3. Jesus anuncia o Reino de Deus e convida à conversão (Mc 1,15).
4. A Transfiguração de Jesus (Lc 9,28-35).
5. Instituição da Eucaristia na Última Ceia (Jo 13,1s.).

SALVE-RAINHA

(Rezar depois de terminar as cinco dezenas)

Salve, Rainha, Mãe de misericórdia, vida, doçura e esperança nossa, salve! A vós bradamos, os degredados filhos de Eva. A vós suspiramos, gemendo e chorando neste vale de lágrimas. Eia, pois, advogada nossa, esses vossos olhos misericordiosos a nós volvei, e depois deste desterro mostrai-nos Jesus, bendito fruto do vosso ventre, ó clemente, ó piedosa, ó doce Virgem Maria. Amém.

D.: Rogai por nós, Santa Mãe de Deus,

R.: Para que sejamos dignos das promessas de Cristo.

(Ao fim da Oração do Terço, rezar a Ladainha de Nossa Senhora da página 76.)

TERÇO DAS SETE ALEGRIAS DE NOSSA SENHORA

† Em nome do Pai e do Filho e do Espírito Santo. Amém.
(Colocar intenção pela qual se deseja rezar este terço)

1ª Alegria - A anunciação do Anjo

Maria, saudamos-te como o Anjo Gabriel, "Alegra-te cheia de Graça, o Senhor está contigo... conceberás em teu seio e darás à luz um filho a quem porás o nome de Jesus" (Lc 1,26-38).
Pai-nosso, 10 Ave-Marias, Glória-ao-Pai.

2ª Alegria - A visita de Maria a sua prima Isabel

Nos alegramos contigo quando foste à casa "de Zacarias e saudaste a Isabel, que ao ouvir-te ficou cheia do Espírito Santo. Te recebemos como fez Isabel: "Bendita és tu entre as mulheres e bendito é o fruto do teu ventre!" (Lc 1,39-56).
Pai-nosso, 10 Ave-Marias, Glória-ao-Pai.

3ª Alegria - O nascimento de Jesus

Maria, contigo nos alegramos por este presente que nos deste: "E deu à luz seu Filho primogênito, reclinou-o num presépio..." Com os anjos e pastores digamos: "Glória a Deus nas alturas e na terra paz aos homens e mulheres de boa vontade" (Lc 2,2-20).
Pai-nosso, 10 Ave-Marias, Glória-ao-Pai.

4ª Alegria - A adoração dos Reis Magos

Alegremente, juntemo-nos aos três sábios que creram e com humildade adoraram ao Menino Deus. "Entrando na casa, acharam o menino com Maria, sua mãe. Prostrando-se diante dele, o adoraram... ofereceram como presentes: ouro, incenso e mirra" (Mt 2,1-12).
Pai-nosso, 10 Ave-Marias, Glória-ao-Pai.

5ª Alegria - O encontro do Menino Jesus no Templo

Nossa alegria se junta à tua, Maria, quando encontraste a Jesus no Templo e pudeste abraçá-lo. "Três dias depois o acharam no Templo, sentado no meio dos doutores, ouvindo-os e interrogando-os" (Lc 2,41-50).
Pai-nosso, 10 Ave-Marias, Glória-ao-Pai.

6ª Alegria - Maria vê a Jesus Ressuscitado

Contigo, Maria, nos regozijamos e nos alegramos por Cristo que ressuscitou e vivo está no meio de nós; pois o sepulcro está vazio. "[...] por que buscais entre os mortos aquele que está vivo? Não está aqui, mas ressuscitou" (Lc 24,1-12).
Pai-nosso, 10 Ave-Marias, Glória-ao-Pai.

7ª Alegria - A assunção de Maria e sua coroação no céu

Sentimos alegria contigo, Maria, porque atingiste a plenitude da vida e estás junto a vosso Filho amado, coroada rainha do céu e da terra. Mãe corredentora, intercessora e auxiliadora nossa, te saudamos" (Jo 2,1-12).
Pai-nosso, 10 Ave-Marias, Glória-ao-Pai.

Reza-se: 1 Pai-nosso, 3 Ave-Marias, 1 Glória-ao-Pai na intenção do Papa, da diocese, da paróquia ou outra intenção particular. Pode-se rezar o Credo. Depois, termina-se com uma oração a Nossa Senhora (Salve Rainha, A vossa proteção).
† Em nome do Pai e do Filho e do Espírito Santo. Amém.

TERÇO DAS SETE DORES DE NOSSA SENHORA

† Em nome do Pai e do Filho e do Espírito Santo. Amém.
– Deus e Senhor nosso, nós vos oferecemos esta oração para vossa maior glória e honra da vossa Santa Mãe, a Virgem Maria, e para que nós possamos também compartilhar e meditar os seus sofrimentos. Por meio dessa oração, concedei-nos o arrependimento sincero dos nossos pecados e suas indulgências.

Ato de Contrição

Meu Deus, pois sois infinitamente bom e vos amo de todo o meu coração, pesa-me de vos ter ofendido, e, com o auxílio da vossa divina graça, proponho firmemente emendar-me e nunca mais vos tornar a ofender; peço e espero o perdão das minhas culpas pela vossa infinita misericórdia. Amém.
3 Ave-Marias.

1ª Dor - A profecia de Simeão (Lc 2,34-35)

"Simeão, homem justo e piedoso, movido pelo Espírito Santo, foi ao Templo para receber o Messias recém-nascido. Após louvar e dar graças a Deus pelo nascimento da Luz e Salvação do mundo, voltou-se para os pais, abençoou-os e disse a Maria, sua mãe: 'Eis que este menino está destinado a ser causa de queda e de elevação para muitos homens em Israel, e a ser um sinal que provocará contradições, a

fim de serem revelados os pensamentos de muitos corações. Quanto a ti, uma espada atravessará a tua alma'".
- Ó Mãe de Misericórdia, lembrai-nos sempre das dores de vosso Filho, Jesus Cristo.
Pai-nosso, 7 Ave-Marias.

2ª Dor - A fuga para o Egito (Mt 2,13-21)

"Depois de sua partida, um anjo do Senhor apareceu em sonhos a José e disse: 'Levanta-te, toma o menino e sua mãe e foge para o Egito; fica lá até que eu te avise, porque Herodes vai procurar o menino para o matar'. José levantou-se durante a noite, tomou o menino e sua mãe e partiu para o Egito."

- Ó Mãe de Misericórdia, lembrai-nos sempre das dores de vosso Filho, Jesus Cristo.
Pai-nosso, 7 Ave-Marias.

3ª Dor - A perda do Menino Jesus no Templo (Lc 2,41-51)

"Tendo atingido a idade de doze anos, Jesus e seus pais subiram a Jerusalém (para a festa da Páscoa), segundo o costume. Terminados os dias da festa, quando voltavam, o menino Jesus ficou em Jerusalém, sem que os seus pais o soubessem [...] Três dias depois o acharam no Templo, sentado no meio dos doutores [...] E sua mãe lhe disse: Filho, por que agiste assim conosco? Teu pai e eu andávamos a tua procura, cheios de aflição. Respondeu-lhes Jesus: Não sabíeis que eu devia estar na casa do meu Pai? Sua mãe guardava tudo isso no coração."

- Ó Mãe de Misericórdia, lembrai-nos sempre das dores de vosso Filho, Jesus Cristo.
Pai-nosso, 7 Ave-Marias.

4ª Dor - O encontro com Jesus a caminho para a morte (Lc 23,27-31)

"Seguia-o grande multidão de povo e de mulheres que batiam no peito e o lamentavam. Voltando-se para elas, Jesus disse: Filhas de Jerusalém, não choreis por mim! Chorai por vós mesmas e por vossos filhos. Pois dias virão em que se dirá: Felizes as mulheres estéreis, os ventres que não geraram filhos e os seios que não amamentaram..."

- Ó Mãe de Misericórdia, lembrai-nos sempre das dores de vosso Filho, Jesus Cristo.
Pai-nosso, 7 Ave-Marias.

5ª Dor - A morte de Jesus na cruz
(Jo 19,25-27)

"Junto à cruz de Jesus estavam de pé sua mãe, a irmã de sua mãe, Maria de Cléofas, e Maria Madalena. Vendo a mãe e, perto dela, o discípulo a quem amava, Jesus disse para a mãe: 'Mulher, aí está o teu filho'. Depois disse para o discípulo: 'Aí está a tua mãe.'"

- Ó Mãe de Misericórdia, lembrai-nos sempre das dores de vosso Filho, Jesus Cristo.
Pai-nosso, 7 Ave-Marias.

6ª Dor - Maria recebe o Corpo do seu Filho tirado da cruz
(Mt 27,55-61)

"Havia ali, olhando de longe, muitas mulheres que tinham seguido Jesus desde a Galileia, para o servir. [...] Chegada a tarde, veio um homem rico de Arimateia, chamado José, que era também discípulo de Jesus. Apresentou-se a Pilatos e pediu o corpo de Jesus. Pilatos ordenou que lhe fosse entregue. Tomando o corpo, José envolveu-o num lençol limpo e o sepultou em seu próprio túmulo, todo novo, que tinha mandado cavar na rocha."

- Ó Mãe de Misericórdia, lembrai-nos sempre das dores de vosso Filho, Jesus Cristo.
Pai-nosso, 7 Ave-Marias.

7ª Dor - A sepultura de Jesus (Lc 23,55-56)

"As mulheres, que tinham vindo com ele da Galileia, acompanharam José, viram o túmulo e como o corpo de Jesus foi nele colocado. Depois voltaram e prepararam perfumes e bálsamos."

- Ó Mãe de Misericórdia, lembrai-nos sempre das dores de vosso Filho, Jesus Cristo.
Pai-nosso, 7 Ave-Marias.

Oração conclusiva
Ó Rainha dos Mártires, vosso coração muito sofreu. Eu vos imploro pelo mérito das lágrimas que chorastes durante esses períodos tristes e terríveis que concedeis a mim e a todos os pecadores do mundo a graça de nos arrependermos sincera e verdadeiramente. Amém.
D.: Ó Maria, que foi concebida sem pecado e sofreu por todos nós (três vezes).
R.: Rogai por nós.
† Em nome do Pai e do Filho e do Espírito Santo. Amém.

PRECE A MARIA

Mãe Santíssima, Mãe piedosíssima conosco, porque a vida, malvivida até agora, torna-me inteiramente indigno de ser teu filho; não sou digno de ser chamado teu filho, eu o confesso, sou pecador demasiado grande, amarguei demais o teu dulcíssimo coração; não mereço que, em teu coração, haja amor por mim.

Mas eu sei que, mesmo tendo perdido o ser de filho, tu não perdeste o ser de mãe, e de mãe tão piedosa, que espero, recorrendo a ti, arrependido, não me rejeitarás.

Eis-me, pois, aqui, ó grande Mãe das misericórdias. arrependo-me de toda a minha vida, e peço perdão a ti, e a teu santíssimo Filho. Por isso, perdoa-me, ó grande Virgem, perdoa a um tão grande pecador. Perdão, Maria santíssima, perdão. Digna-te ser para mim uma boa mãe, e eu proponho ser para ti um verdadeiro filho. Eu viverei como filho, tu, assiste-me como mãe, para que eu tenha a sorte de salvar-me por meio de ti, minha cara Mãe.

São Leonardo de Porto Maurício

LADAINHAS

LADAINHA DO SAGRADO CORAÇÃO DE JESUS

Senhor, tende piedade de nós. (**R.:**)
Jesus Cristo, tende piedade de nós. (**R.:**)
Senhor, tende piedade de nós. (**R.:**)

Jesus Cristo, ouvi-nos. (**R.:**)
Jesus Cristo, atendei-nos. (**R.:**)

Pai do Céu que sois Deus, **tende piedade de nós.**
Filho Redentor do mundo, que sois Deus,
Espírito Santo, que sois Deus,
Santíssima Trindade que sois um só Deus,
Coração de Jesus, Filho do Pai eterno,
Coração de Jesus, formado pelo Espírito Santo no seio da Virgem Maria,
Coração de Jesus, unido substancialmente ao Verbo de Deus,
Coração de Jesus, de majestade infinita,
Coração de Jesus, Templo Santo de Deus,
Coração de Jesus, Tabernáculo do Altíssimo,
Coração de Jesus, Casa de Deus e porta do céu,
Coração de Jesus, fornalha ardente de caridade,
Coração de Jesus, receptáculo de justiça e de amor,
Coração de Jesus, cheio de bondade e de amor,
Coração de Jesus, abismo de todas as virtudes,
Coração de Jesus, digníssimo de todo o louvor,
Coração de Jesus, Rei e centro de todos os corações,
Coração de Jesus, no qual estão todos os tesouros, de sabedoria e ciência,
Coração de Jesus, no qual habita a plenitude da divindade,
Coração de Jesus, no qual o Pai pôs toda a sua complacência,
Coração de Jesus, cuja plenitude todos nós recebemos,
Coração de Jesus, o desejado das colinas eternas,

Coração de Jesus, paciente e de muita misericórdia,
Coração de Jesus, rico para com todos os que o invocam,
Coração de Jesus, fonte de vida e santidade,
Coração de Jesus, propiciação pelos nossos pecados,
Coração de Jesus, saciado de opróbrios,
Coração de Jesus, esmagado de dor por causa dos nossos crimes,
Coração de Jesus, feito obediente até à morte,
Coração de Jesus, atravessado pela lança,
Coração de Jesus, fonte de toda a consolação,
Coração de Jesus, nossa vida e ressurreição,
Coração de Jesus, vítima dos pecadores,
Coração de Jesus, salvação dos que esperam em Vós,
Coração de Jesus, esperança dos que morrem em Vós
Coração de Jesus, delícia de todos os santos,

Cordeiro de Deus, que tirais o pecado do mundo, **perdoai-nos, Senhor.**
Cordeiro de Deus, que tirais o pecado do mundo, **ouvi-nos, Senhor.**
Cordeiro de Deus, que tirais o pecado do mundo, **tende piedade de nós.**

D.: Jesus manso e humilde de coração.
R.: Fazei o nosso coração semelhante ao vosso.

Oremos: Deus eterno e todo-poderoso, ponde os olhos no Coração do vosso muito amado Filho e nos louvores e satisfações que Ele vos oferece em nome dos pecadores; e concedei-nos, propício, o perdão que imploramos da vossa misericórdia em nome do mesmo Jesus Cristo vosso Filho, que convosco vive e reina na unidade do Espírito Santo, por todos os séculos dos séculos. Amém.

LADAINHA DE NOSSA SENHORA

Senhor, tende piedade de nós. **(R.:)**
Jesus Cristo, tende piedade de nós. **(R.:)**
Senhor, tende piedade de nós. **(R.:)**

Jesus Cristo, ouvi-nos. **(R.:)**
Jesus Cristo, atendei-nos. **(R.:)**

Deus Pai dos céus, **tende piedade de nós.**
Deus Filho, Redentor do mundo,
Deus Espírito Santo,
Santíssima Trindade, que sois um só Deus,

Santa Maria, **rogai por nós.**
Santa Mãe de Deus,
Santa Virgem das virgens,
Mãe de Cristo,
Mãe da Igreja,
Mãe de misericórdia,
Mãe da divina graça,
Mãe da esperança,
Mãe puríssima,
Mãe castíssima,
Mãe sempre virgem,
Mãe imaculada,
Mãe digna de amor,
Mãe admirável,
Mãe do bom conselho,
Mãe do Criador,
Mãe do Salvador,
Virgem prudentíssima,
Virgem venerável,
Virgem louvável,
Virgem poderosa,
Virgem clemente,
Virgem fiel,
Espelho de perfeição,
Sede da Sabedoria,
Fonte de nossa alegria,
Vaso espiritual,
Tabernáculo da eterna glória,
Moradia consagrada a Deus,
Rosa mística,
Torre de Davi,
Torre de marfim,
Casa de ouro,
Arca da aliança,
Porta do céu,

Estrela da manhã,
Saúde dos enfermos,
Refúgio dos pecadores,
Socorro dos migrantes,
Consoladora dos aflitos,
Auxílio dos cristãos,
Rainha dos Anjos,
Rainha dos Patriarcas,
Rainha dos Profetas,
Rainha dos Apóstolos,
Rainha dos Mártires,
Rainha dos confessores da fé,
Rainha das Virgens,
Rainha de todos os santos,
Rainha concebida sem pecado original,
Rainha assunta ao céu,
Rainha do santo Rosário,
Rainha da paz,
Cordeiro de Deus, que tirais os pecados do mundo, **perdoai-nos, Senhor.**
Cordeiro de Deus, que tirais os pecados do mundo, **ouvi-nos, Senhor.**
Cordeiro de Deus, que tirais os pecados do mundo, **tende piedade de nós.**

D.: Rogai por nós, Santa Mãe de Deus.
R.: Para que sejamos dignos das promessas de Cristo.

Oremos: Senhor Deus, nós vos suplicamos que concedais a vossos servos perpétua saúde de alma e corpo; e que pela gloriosa intercessão da bem-aventurada sempre Virgem Maria sejamos livres da presente tristeza e gozemos da eterna alegria. Por Cristo nosso Senhor. Amém.

LADAINHA DE TODOS OS SANTOS

Senhor, tende piedade de nós. (**R.:**)
Jesus Cristo, tende piedade de nós. (**R.:**)
Senhor, tende piedade de nós. (**R.:**)

Jesus Cristo, ouvi-nos. (**R.:**)
Jesus Cristo, atendei-nos. (**R.:**)

Deus Pai dos céus, **tende piedade de nós.**
Deus Filho, Redentor do mundo,
Deus Espírito Santo,
Santíssima Trindade, que sois um só Deus,

Santa Maria, **rogai por nós.**
Santa Mãe de Deus,
Santa Virgem das virgens,
São Miguel,
São Gabriel,
São Rafael,
Todos os santos anjos e arcanjos,
Todas as santas ordens de espíritos bem-aventurados,
São João Batista,
São José,
Todos os santos patriarcas e profetas,
São Pedro,
São Paulo,
Santo André,
São João,
Todos os santos apóstolos e evangelistas,
Todos os santos discípulos do Senhor,
Santo Estêvão,
São Lourenço,
São Vicente,
Todos os santos mártires,
São Silvestre,
São Gregório,
Santo Agostinho,
Todos os santos pontífices e confessores,
Todos os santos doutores,
Santo Antão,
São Bento,
São Domingos,
São Francisco,
Todos os santos sacerdotes e levitas,
Todos os santos monges e eremitas,
Santa Maria Madalena,

Santa Inês,
Santa Cecília,
Santa Águeda,
Santa Anastácia,
Todas as santas virgens e viúvas,
Todos os santos e santas de Deus,

Sede-nos propício, **livrai-nos, Senhor.**
De todo mal,
De todo pecado,
Da morte eterna,
Pelo mistério da vossa santa encarnação,
Pela vossa vinda,
Pelo vosso nascimento,
Pelo vosso batismo e santo jejum,
Pela vossa cruz e paixão,
Pela vossa morte e sepultura,
Pela vossa santa ressurreição,
Pela vossa admirável ascensão,
Pela efusão do Espírito Santo,
No dia do juízo,

Para que nos perdoeis, **nós vos rogamos: ouvi-nos.**
Para que vos digneis governar e conservar a vossa santa Igreja,
Para que vos digneis conservar na santa religião o Sumo Pontífice e todas as ordens da hierarquia eclesiástica,
Para que vos digneis humilhar os inimigos da santa Igreja,
Para que vos digneis conceder a paz e a verdadeira concórdia aos reis e príncipes cristãos,
Para que vos digneis confortar-nos e conservar-nos em vosso santo serviço,
Para que vos digneis retribuir, com os bens sempiternos, a todos os nossos benfeitores,
Para que vos digneis dar e conservar os frutos da terra,
Para que vos digneis conceder o descanso eterno a todos os fiéis defuntos,
Para que vos digneis atender-nos,

Jesus Cristo, ouvi-nos, **Jesus Cristo, ouvi-nos.**
Jesus Cristo, atendei-nos, **Jesus Cristo, atendei-nos.**

Oremos: Ó Deus, nosso refúgio e nossa força. Autor, Vós mesmo, da piedade, atendei às devotas súplicas da vossa Igreja e fazei que consigamos o que vos pedimos com firme confiança. Por Nosso Senhor Jesus Cristo, na unidade do Espírito Santo. Amém.

LADAINHA AFRICANA DOS SANTOS

Senhor, tende piedade de nós. **(R.:)**
Cristo, tende piedade de nós. **(R.:)**
Senhor, tende piedade de nós. **(R.:)**
Santa Maria, Mãe de Deus, **rogai por nós.**
Nossa Senhora da Conceição Aparecida,
Nossa Senhora das Dores de Kibeho,
Nossa Senhora da Conceição da Muxima,
São Miguel,
Santos anjos de Deus, **intercedei por nós.**

São João Batista, **rogai por nós.**
São José,
São Pedro e São Paulo,
Santo André,
São João,
Santa Maria Madalena, **intercedei por nós.**

Santo Estêvão, **rogai por nós.**
Santo Inácio de Antioquia,
Santa Perpétua e Santa Felicidade,
São Gregório,
Santo Agostinho,
Santo Atanásio,
São Basílio,
São Pacômio,
Santa Ifigênia e Santo Elesbão,
São Victor e São Fábio da Mauritânia,
São Maurício, São Moisés de Axum,
São Victor I e São Gelásio I, **intercedei por nós.**

São Francisco de Assis e São Domingos, **rogai por nós.**
Santa Catarina de Alexandria,
Santo Alípio de Tagaste,
Santa Sara Kali,
Santo Antônio de Categeró,
São Benedito, o Negro, **intercedei por nós.**

São João Maria Vianney, **rogai por nós.**
São Martinho de Lima,
São Carlos Lwanga e São Kizito,
Santo André Kagwa e São José Mukasa,
São Dionísio Sebugwavo e São Tiago Buzabalyavo,
São Matias Kalemba e São João Muzei, **intercedei por nós.**

São Lucas Banabakintu e São Ponciano Ngondwé, **rogai por nós.**
Santo Atanásio Bazekuketa e Santo Ambrósio Kibuka,
São Noé Mauagali e São Gonzaga Zonga,
Todos os santos mártires de Uganda,
Beata Anuarite Nengapeta,
Beato Isidoro Bakanja,
Beato Cipriano Miguel Iwene,
Santa Josefina Bakhita,
Beato Benedito Daswa,
Santos mártires inocentes africanos,
Todos os santos e santas de Deus,

Sede-nos propício, **ouvi-nos, Senhor!**
Para que nos livreis de todo o mal,
Para que nos livreis da morte eterna,
Pela vossa encarnação,
Pela vossa morte e ressurreição,
Pela efusão do Espírito Santo,
Apesar dos nossos pecados,
Para que vos digneis conduzir e proteger a vossa Igreja,
Para que vos digneis conservar no vosso santo serviço o papa, os bispos e todo o clero,

(Quando houver ordenação)
Para que vos digneis abençoar estes eleitos (este eleito),
Para que vos digneis abençoar e santificar estes eleitos (este eleito),
Para que vos digneis abençoar, santificar e consagrar estes eleitos (este eleito),

Para que vos digneis conceder a todos os povos a paz e a verdadeira concórdia,
Para que vos digneis manifestar a vossa misericórdia a todos os que sofrem tribulações,
Para que vos digneis conversar-nos e confortar-nos no vosso santo serviço,
Jesus, Filho do Deus vivo,

Cristo, ouvi-nos, **Cristo, ouvi-nos.**
Cristo, atendei-nos, **Cristo, atendei-nos.**

Frei Santana Kafunda, OFM

LADAINHA EUCARÍSTICA

Jesus, Palavra de Deus, **dai-nos a fé**.
Jesus, Filho de Deus,
Jesus, Filho de Maria,
Jesus, vencedor da morte,
Jesus, vencedor do pecado,
Jesus, Senhor Glorioso,

Jesus, médico dos enfermos, **dai-nos a esperança**.
Jesus, amigo dos oprimidos,
Jesus, Mestre de sabedoria,
Jesus, Mensageiro do Reino de Deus,
Jesus, operador de milagres,
Jesus, Fonte de paz,

Jesus, Cordeiro de Deus, **dai-nos o amor**.
Jesus, Pão da Vida,
Jesus, Pão da verdadeira liberdade,
Jesus, Pão da reconciliação,
Jesus, Carne para vida do mundo,
Jesus, Vinho da Salvação,

Jesus, Vinho do perdão,
Jesus, garantia da imortalidade.

Oremos: Senhor e salvador, alimento e centro de nossas vidas, fazei-nos participar alegremente da mesa da vossa Palavra e do vosso Sacramento e ensinai-nos a compreender toda a realidade humana à luz da Eucaristia. Ó Jesus, sacrifício vivo de louvor, em vosso sangue redentor. Ó vítima de reconciliação da humanidade com Deus, fazei que vivamos em paz uns com os outros. Jesus, Pão da Vida, Vinho da Salvação, transformai-nos todos em vosso Corpo. Inspirai-nos para que vivamos em espírito e verdade na comunhão de vossa Igreja. Amém.

LADAINHA A SÃO JOSÉ

Senhor, tende piedade de nós. (**R.:**)
Jesus Cristo, tende piedade de nós. (**R.:**)
Senhor, tende piedade de nós. (**R.:**)

Jesus Cristo, ouvi-nos. (**R.:**)
Jesus Cristo, atendei-nos. (**R.:**)

Deus Pai dos céus, **tende piedade de nós.**
Deus Filho, Redentor do mundo,
Deus Espírito Santo,
Santíssima Trindade, que sois um só Deus,

Santa Maria, **rogai por nós.**
São José,
De Davi ilustre descendente,
Luz dos patriarcas,
Esposo da Mãe de Deus,
Guarda puríssimo da Virgem,
Nutrício do Filho de Deus,
Zeloso defensor de Cristo,
Chefe da Sagrada Família,
José justíssimo,
José castíssimo,
José prudentíssimo,
José fortíssimo,

José obedientíssimo,
José fidelíssimo,
Espelho da paciência,
Amante da pobreza,
Modelo dos operários,
Glória da vida doméstica,
Guarda das virgens,
Amparo das famílias,
Consolador dos aflitos,
Esperança dos enfermos,
Padroeiro dos moribundos,
Terror dos demônios,
Protetor da Santa Igreja,

Cordeiro de Deus, que tirais os pecados do mundo, **perdoai-nos, Senhor.**
Cordeiro de Deus, que tirais os pecados do mundo, **ouvi-nos, Senhor.**
Cordeiro de Deus, que tirais os pecados do mundo, **tende piedade de nós.**

D.: O Senhor o fez dono de sua casa,
R.: E árbitro de todos os seus bens.

Oremos: Ó Deus, que em vossa inefável providência escolhestes São José para esposo de Maria, Mãe de vosso Filho, fazei que, venerando-o na terra como protetor, mereçamos tê-lo como intercessor no céu. Por Cristo, nosso Senhor.
R.: Amém.

VIA-SACRA

A oração da Via-Sacra – Caminho Sagrado – é a meditação dos principais passos de nosso Senhor Jesus Cristo desde a sua condenação à morte até à sua ressurreição para a vida eterna. A cada estação procuremos gravar na nossa mente e no coração o grande amor de Deus por nós. Igualmente, procuremos estar em comunhão com todos os nossos irmãos e irmãs que padecem no corpo, na alma ou no espírito para que até eles cheguem também as bênçãos divinas.

(No início de cada estação)
D.: Nós vos adoramos e vos bendizemos, ó Jesus!
R.: Porque pela vossa santa cruz remistes o mundo.

(No fim de cada estação)
D.: Compadecei-vos de nós, Senhor,
R.: Compadecei-vos de nós.

D.: Ó Santa Mãe da Dor,
R.: Gravai em meu coração as chagas do Redentor.

1ª ESTAÇÃO: JESUS É CONDENADO À MORTE
Jesus, que se deixa condenar para que não sejamos condenados, deve assumir o pânico de todos os condenados, neste momento: os condenados da doença, da miséria, da justiça, e da injustiça. Os condenados da solidão, da pobreza, do sofrimento e do desespero.
D.: Perdoai-nos, Senhor, todas as vezes que vos condenamos no nosso semelhante, assim como nós perdoamos os condenados do nosso egoísmo, os condenados do nosso ressentimento e os condenados das nossas omissões.
R.: O que fizerdes ao menor de meus irmãos é a mim que o fareis.

2ª ESTAÇÃO: JESUS LEVA A CRUZ AOS OMBROS

A cruz para nós é símbolo de redenção. Mas para Cristo ela pesou sobre os ombros cansados, doridos, flagelados.

D.: Fazei-nos ouvir, Senhor, o imenso gemido abafado de um mundo que padece todas as formas de sofrimento, o gemido dos doentes, dos pobres, dos operários explorados e dos ricos infelizes.

R.: Tive fome e não me destes de comer, tive sede e não me destes de beber, carreguei a cruz e não me ajudastes.

3ª ESTAÇÃO: JESUS CAI PELA PRIMEIRA VEZ SOB A CRUZ

Se Jesus está presente e faminto no sedento, no preso, também está presente naquele que caiu. Caí e não me ajudaste a levantar. Jesus, o divino estrangeiro entre os homens, caído entre ladrões, nos pergunta: E vós, quem dizeis que eu sou!

D.: Dai-me, Senhor, o coração do bom samaritano quando encontrar alguém caído no meu caminho.

R.: Quem nunca caiu, atire a primeira pedra.

4ª ESTAÇÃO: JESUS ENCONTRA SUA MÃE SANTÍSSIMA

O encontro, na dor, é um verdadeiro e profundo encontro. Quantos desencontros não há na alegria?! Quanta ilusão de encontro que na dor revela?!

A melhor prova do encontro é o sofrimento. Mas há muitos que fogem. Fogem, esperando ser procurados.

D.: Peço-vos, Senhor, encontrar-vos e ser encontrado no sofrimento alheio ou no meu próprio sofrimento.

R.: O Bom Pastor sai à procura da ovelha perdida. Encontra-a e coloca-a ao ombro.

5ª ESTAÇÃO: JESUS AJUDADO PELO CIRENEU A LEVAR A CRUZ

Era um estranho, forçado a carregar a cruz de um outro estranho. Forçado a um pobre gesto de solidariedade humana; gesto tão pobre que não foi espontâneo.

D.: O gesto da viúva, embora depositasse uma pobre esmola, foi anotado no livro da história da salvação, porque era em generosidade. Que o gesto do Cireneu me ensine, Senhor, a viver, a cada dia, o mistério dos pequeninos gestos da vida.

R.: Os outros deram do que lhes sobrava; esta tirou do que necessitava.

6ª ESTAÇÃO: A VERÔNICA ENXUGA O ROSTO DE JESUS

O gesto de Verônica foi silencioso. A retribuição de Jesus também foi silenciosa. É nos pequenos gestos silenciosos que está impressa a imagem de Deus sobre a forma de amor. Porque sabemos que Deus é amor e onde há amor, aí está Deus. É no bem que não faz barulho que Jesus imprime o seu rosto.

D.: Fazei-me, Senhor, descobrir que os gestos da compaixão humana imprimem sempre a vossa imagem em meu coração.

R.: Não saiba a vossa mão direita o que faz a esquerda, porque o vosso Pai, que ouve o vosso silêncio, também vos recompensará.

7ª ESTAÇÃO: JESUS CAI PELA SEGUNDA VEZ

Não é fácil crer que Deus esteja presente e atuante no mundo em que há quedas e dores, num mundo devastado pelo mal. Se é verdade que Cristo veio nos libertar do mal, o verdadeiro mal não está na dor e no sofrimento, mas no pecado.

D.: Dai-nos fé, Senhor, para não ver sinais de maldade na pobreza e na miséria dos meus irmãos e irmãs, mas, antes, sinais de vossa presença redentora.

R.: Quem vos despreza a mim despreza.

8ª ESTAÇÃO: JESUS CONSOLA AS FILHAS DE JERUSALÉM

Nos nossos caminhos não encontraremos Jesus a sofrer em pessoa, para sobre Ele chorar, mas encontraremos o nosso sofrimento e o sofrimento dos nossos filhos. É deste sofrimento que nós nos devemos ocupar para chorar com Jesus.

D.: Fazei-me compreender, Senhor, que o amor por Vós passa pela pessoa.

R.: Se não amas ao próximo que vês, como poderás amar a Deus que não vês?

9ª ESTAÇÃO: JESUS CAI PELA TERCEIRA VEZ

Com quanta facilidade, Senhor, desprezamos os que caem e recaem e tornam a cair. Como é difícil, Senhor, não cobrar algum preço pelo nosso perdão.

D.: Fazei-me compreender, Senhor, que os irremediavelmente perdidos são os que não querem mais se levantar como também aqueles que não estendem a mão aos decaídos.

R.: "Quantas vezes devemos perdoar!", perguntou São Pedro. Jesus lhe respondeu: "Não te digo 7 vezes, mas 70 vezes 7".

10ª ESTAÇÃO: JESUS É DESPOJADO DE SUAS VESTES

Jesus está coberto apenas com as marcas das quedas, os sinais dos açoites, o sangue, o suor, a poeira e os escarros. Nos tecidos rasgados que vestem os miseráveis, na sujeira que lhe tira o esplendor das formas do rosto é que ainda hoje se conserva a infamante nudez forçada do Salvador.

D.: Tirai de mim, Senhor, as vestes do orgulho e da vaidade, para que também nós possamos ver-vos nos pobres e indigentes.

R.: Estive fome e me vestiste.

11ª ESTAÇÃO: JESUS É PREGADO NA CRUZ

A partir desta hora a cruz não está só. Cristo está com a cruz e a cruz está com Cristo. A partir desta hora, também, Senhor, nas pequenas cruzes do nosso viver, temos a certeza de que também Vós estais aí presente.

D.: Concedei-nos, Senhor, nunca separar-vos de qualquer sofrimento que a vossa providência nos destinou.

R.: Quem quiser ser discípulo de Cristo, tome a sua cruz e siga-o.

12ª ESTAÇÃO: JESUS MORRE NA CRUZ

Quem não ama o seu irmão comete homicídio, mata o outro.

D.: Perdoai-nos, Senhor, as nossas faltas de amor.

(Momento de silêncio)

13ª ESTAÇÃO: JESUS É DESCIDO DA CRUZ

A súbita coragem de um tímido discípulo, que outrora, encoberto pela noite, procura Jesus, vem agora procurá-lo à luz do dia. Mas era tarde, Jesus já havia morrido.

D.: Senhor, fazei-nos corajosos para sermos vossas testemunhas à luz do dia, para que não aconteça que vos procuremos quando já tarde demais.

R.: Mais tarde chegaram também as outras virgens e disseram: Senhor, abri-nos. E Ele respondeu: Em verdade vos digo, não vos conheço.

14ª ESTAÇÃO: JESUS É SEPULTADO
Este é o momento da grande tentação do desespero e da ilusão. É a hora que pareceu dar razão aos inimigos de Jesus, aos que lhe pediam um prodígio, aos que desafiavam o seu poder divino e blasfemavam. Ei-lo morto e sepultado.

D.: Fazei-nos compreender a importância da morte, a importância da abnegação para ressuscitar para a vida eterna.
R.: Eu sou a ressurreição e a vida. Quem crer em mim não permanece na morte.

15ª ESTAÇÃO: A RESSURREIÇÃO DE JESUS
No domingo de madrugada as mulheres foram ao túmulo e viram que estava vazio. Dois homens com vestes claras e brilhantes lhes perguntaram: "Por que procuram entre os mortos quem está vivo? Ele não está aqui, mas ressuscitou".

D.: Nós vos adoramos, ó Cristo, e vos bendizemos,
R.: Porque pela vossa santa cruz remistes o mundo.

ORAÇÃO CONCLUSIVA

Nós te glorificamos, Senhor Jesus.
Tu te abaixaste, para nos salvar.
Tu te humilhaste, para nos exaltar.
Tu te fizeste pobre, para nos enriquecer.
Nasceste homem, para que pudéssemos nascer.
Jejuaste, Senhor, e mataste a nossa fome.
Prisioneiro te fizeste, e nos libertaste.
Foste julgado criminoso, e nos deste a inocência.
A ti as bofetadas, a nós o teu carinho.
Despojamos-te das vestes, e nos revestiste de graça.
Nós te crucificamos, e Tu nos salvaste.
A ti o fel e o vinagre, a nós o teu amor.
A ti a morte, a nós a vida.
Mas ressuscitaste para repartir conosco tua glória.
Subindo ao céu, para o alto nos atrais.
Enviaste o Paráclito à Igreja, para que sejamos santos. Amém.

Novena a São José

Baseada na *Carta Apostólica Patris Corde* do Papa Francisco

D.: Deus, vinde em nosso auxílio.
R.: Senhor, socorrei-nos e salvai-nos.
D.: Glória ao Pai e ao Filho e ao Espírito Santo.
R.: Como era no princípio, agora e sempre. Amém.

Oremos: Salve, guardião do Redentor e esposo da Virgem Maria! A vós, Deus confiou o seu Filho; em vós, Maria depositou a sua confiança; convosco, Cristo tornou-se homem. Ó Bem-aventurado José, mostrai-vos pai também para nós e guiai-nos no caminho da vida. Alcançai-nos graça, misericórdia e coragem, e defendei-nos de todo o mal. Amém.

1º DIA: PAI NOS DESÍGNIOS DIVINOS

Com coração de pai: assim José amou a Jesus, designado nos quatro evangelhos como "o filho de José". Mateus e Lucas narram pouco, mas o suficiente para fazer compreender o gênero de pai que era. Sabemos que era um humilde carpinteiro, desposado com Maria; um "homem justo", sempre pronto a cumprir a vontade de Deus. Viu o Messias nascer num estábulo. Foi testemunha da adoração dos pastores e dos magos. No Templo, ofereceu o Menino ao Senhor. Para defender Jesus de Herodes, residiu como forasteiro no Egito. Regressado à pátria, viveu no recôndito da pequena e ignorada cidade de Nazaré, na Galileia. Durante uma peregrinação a Jerusalém, perderam Jesus (tinha Ele doze anos) e José e Maria, angustiados, andaram à sua procura, acabando por encontrá-lo três dias mais tarde no Templo discutindo com os doutores da Lei.

2º DIA: PAI NA PRESENÇA DISCRETA

Depois de Maria, a Mãe de Deus, nenhum santo ocupa tanto espaço no magistério pontifício como José, seu esposo. O Beato Pio IX declarou-o "Padroeiro da Igreja Católica", o Venerável Pio XII apresentou-o como "Padroeiro dos operários"; e São João Paulo II, como "Guardião do Redentor". O povo invoca-o como "padroeiro da boa morte". Ao longo destes meses de pandemia, pudemos experimentar que "as nossas vidas são tecidas e sustentadas por pessoas comuns (habitualmente esquecidas), mas que hoje estão, sem dúvida, a escrever os acontecimentos decisivos da nossa história: médicos, enfermeiras e enfermeiros, voluntários, sacerdotes, religiosas e muitos – mas muitos – outros que compreenderam que "ninguém se salva sozinho". São José lembra-nos que todos aqueles que estão, aparentemente, escondidos ou em segundo plano, têm um protagonismo sem paralelo na história da salvação.

3º DIA: PAI AMADO

São Paulo VI faz notar que a paternidade de José se exprimiu, concretamente, "em ter usado da autoridade legal que detinha sobre a Sagrada Família para lhe fazer dom total de si mesmo, da sua vida, do seu trabalho; em ter convertido a sua vocação humana ao amor doméstico na oblação sobre-humana de si mesmo, do seu coração e de todas as capacidades". Por este seu papel na história da salvação, São José é um pai que foi sempre amado pelo povo cristão. Em todo manual de orações há sempre alguma a São José. São-lhe dirigidas invocações especiais todas as quartas-feiras e, de forma particular, durante o mês de março inteiro. A confiança do povo em São José está contida na expressão: "Ide ter com José" (Gn 41,55).

4º DIA: PAI NA TERNURA

A história da salvação realiza-se através das nossas fraquezas. O maligno faz-nos olhar para a nossa fragilidade com um juízo negativo, ao passo que o Espírito trá-la à luz com ternura. Muitas vezes o dedo em riste e o juízo que fazemos a respeito dos outros são sinal da incapacidade de acolher dentro de nós mesmos a nossa própria fraqueza. A Verdade apresenta-se-nos sempre como o Pai misericordioso da parábola (cf. Lc 15,11-32): vem ao nosso encontro, devolve-nos a dignidade, levanta-nos. A vontade de Deus, a sua história e o seu projeto passam também através da angústia de José. Assim ele ensina-nos que ter fé em Deus inclui acreditar que Ele pode intervir inclusive através dos nossos medos, das nossas fragilidades. Ensina-nos que não devemos ter medo de deixar a Deus o timão da nossa barca.

5º DIA: PAI NA OBEDIÊNCIA

José sente uma angústia imensa com a gravidez incompreensível de Maria: mas não quer "difamá-la", e decide "deixá-la secretamente" (Mt 1,19). No primeiro sonho, o anjo ajuda-o a resolver o seu grave dilema: "Não temas receber Maria, tua esposa, pois o que Ela concebeu é obra do Espírito Santo" (Mt 1,20-21). A sua resposta foi imediata: "Despertando do sono, José fez como lhe ordenou o anjo" (Mt 1,24). Com a obediência, superou o seu drama e salvou Maria. No segundo sonho, o anjo dá esta ordem a José: "Levanta-te, toma o menino e sua mãe, foge para o Egito" (Mt 2,13). José não hesitou em obedecer, sem se questionar sobre as dificuldades que encontraria. Em todas as circunstâncias da sua vida, José soube pronunciar o seu "fiat", como Maria na Anunciação e Jesus no Getsêmani. Em Nazaré, na escola de José, Jesus aprendeu a fazer a vontade do Pai.

6º DIA: PAI NO ACOLHIMENTO

Neste mundo onde é patente a violência psicológica, verbal e física contra a mulher, José apresenta-se como figura de homem respeitoso, delicado que, mesmo não dispondo de todas as informações, se decide pela honra, dignidade e vida de Maria. Na nossa vida, muitas vezes sucedem coisas, cujo significado não entendemos. E a nossa primeira reação, frequentemente, é de desilusão e revolta. Diversamente, José deixa de lado os seus raciocínios para dar lugar ao que sucede. José não é um homem resignado passivamente. O seu protagonismo é corajoso e forte. Não importa se tudo parece ter tomado já uma direção errada, e se algumas coisas já são irreversíveis. "Sabemos que tudo contribui para o bem daqueles que amam a Deus" (Rm 8,28). A fé que Cristo nos ensinou é a que vemos em São José, que não procura atalhos, mas enfrenta de olhos abertos aquilo que lhe acontece.

7º DIA: PAI COM CORAGEM CRIATIVA

Perante uma dificuldade, pode-se estacar e abandonar o campo, ou tentar vencê-la de algum modo. Às vezes, são precisamente as dificuldades que fazem sair de cada um de nós recursos que nem pensávamos ter. Frequentemente, ao ler os "Evangelhos da Infância", apetece-nos perguntar por que motivo Deus não interveio de forma direta e clara. Porque Deus intervém por meio de acontecimentos e pessoas: José é o homem por meio de quem Deus cuida dos primórdios da história da redenção; é o verdadeiro "milagre", pelo qual Deus salva o Menino e sua mãe. Se, em determinadas situações, parece que Deus não nos ajuda, isso não significa que nos tenha abandonado, mas que confia em nós com aquilo que podemos projetar, inventar, encontrar.

8º DIA: PAI TRABALHADOR

Um aspecto que caracteriza São José é a sua relação com o trabalho. São José era um carpinteiro que trabalhou honestamente para garantir o sustento da sua família. Com ele, Jesus aprendeu o valor, a dignidade e a alegria do que significa comer o pão fruto do próprio trabalho. O trabalho torna-se participação na própria obra da salvação, oportunidade para apressar a vinda do Reino, desenvolver as próprias potencialidades e qualidades, colocando-as ao serviço da sociedade e da comunhão. A pessoa que trabalha, seja qual for a sua tarefa, colabora com o próprio Deus, torna-se em certa medida criadora do mundo que a rodeia. O trabalho de São José lembra-nos que o próprio Deus feito homem não desdenhou o trabalho.

9º DIA: PAI NA SOMBRA

O livro *A Sombra do Pai* (de Jan Dobraczynski) apresenta a figura de José, que é, para Jesus, a sombra na terra do Pai Celeste. Não se nasce pai, torna-se tal... E não se torna pai apenas porque se colocou no mundo um filho, mas porque se cuida responsavelmente dele. Sempre que alguém assume a responsabilidade pela vida de outrem, em certo sentido exercita a paternidade a seu respeito. Ser pai significa introduzir o filho na experiência da vida, na realidade. Não segurá-lo, nem prendê-lo, nem subjugá-lo, mas torná-lo capaz de opções, de liberdade, de partir. O amor que quer possuir acaba sempre por se tornar perigoso: prende, sufoca, torna infeliz. Um pai sente que completou a sua ação educativa e viveu plenamente a paternidade apenas quando se tornou "inútil", quando vê que o filho se torna autônomo e caminha sozinho pelas sendas da vida, quando se coloca na situação de José, que sempre soube que aquele Menino não era seu: fora simplesmente confiado aos seus cuidados.

(A seguir, a cada dia, reza-se a Ladainha a São José da página 84.)

ORAÇÃO A SÃO JOSÉ, PADROEIRO DA IGREJA

A vós recorremos, bem-aventurado São José, em nossas tribulações e solicitamos confiadamente a vossa proteção. Pelo afeto que vos uniu à Imaculada Virgem Mãe de Deus e pelo amor paternal que consagrastes ao Menino Jesus, pedimo-vos que olheis benigno para a herança que Jesus Cristo conquistou com o seu sangue, e que nos assistais com o vosso poder e auxílio em nossas necessidades. Protegei, ó prudentíssimo guarda da Divina Família, os filhos escolhidos de Jesus Cristo; preservai-nos, ó Pai amantíssimo, deste contágio de erros e de corrupção que infecta o mundo; sede-nos propício e assisti-nos do alto do céu, ó poderosíssimo libertador nosso, nesta luta com o poder das trevas; e assim como outrora livrastes do perigo da morte o Menino Jesus, defendei agora a Santa Igreja de Deus das insídias de seus inimigos e de toda a adversidade. Concedei-nos a todos a vossa perpétua proteção, a fim de que, imitando o vosso exemplo e ajudados com o vosso auxílio, possamos viver santamente, morrer piedosamente e obter no céu a bem-aventurança. Amém.

Papa Leão XIII

2. ORAÇÕES NAS LÍNGUAS NACIONAIS

Orações em Kimbundu

MUSAMBU WA IZUA (ORAÇÃO DIÁRIA)

KIJIMBWETE - SINAL DA CRUZ

Mu dijina dya Tata † ni dya Mona, ni dya Nzumbi Ikola. Kyene.

TAT'ETU - PAI-NOSSO

Tat'etu wala mu dyulu, dijina Dyé a-di-ximane, ungana Wé wize kokwetu, abange kyoso ki wamesena boxi kala mu Dyulu. Kúdya kwetu kwa izua yoso tubane ku lelu, tu loloke ituxi yetu, kala kituloloka yó atubange kyaiba; ku-twehelele kwdibala mu ituxi, tu-bulule ku kyaiba. Kyene.

AVE-MARIA

Ave Madiya, wezala mu ngalasa, Ngana Nzambi wala n'Eye, a-ku--ximana mu ahatu, ni a-mu-ximana mona-a, mala dyé Jezu. Sanda Madiya, Mama ya Nzambi tubingil'etu twakwa ituxi, kindala ni mu dikumbi dya kufwa kwetu. Kyene.

TUXIMANIENU TATA - GLÓRIA-AO-PAI

Twximanyenu Tata ni Mona ni Nzumbi Ikola. Kala kiakexile ku dimatekenu ni kindawla, ni mivu ni mixinda ni kiakalelaku. Kyene.

UJITU A KIZUA - OFERECIMENTO DO DIA

Muxima wa Sandu wa Jezu, nga-ku-bana kumoxi ni muxima wa-zele wa Maria, misambu yoso, ikalakalu ni jihadi joso ja kizwa kiki pala kufuta malebu oso u-wamubingila izua yoso bu tandu dya jialtare jetu. Ngakubana nayo kumoxi ni kya-mu-bingila akwetu akwa kisangela kya asambi mu mbeji ii ni mu kizwa kiki.

ANJU YA SANTU YA NGANA - SANTO ANJO DA GUARDA

Anju ya Sandu ya Ngana, mulangidi wami wa kidi, mukonda eye u Nzambi ya henda wa-ngi-tula bu maku mé, lelu ni mu izua yoso ngendese, ngilange, ngimwikine. Kyene.

MUSAMBU WA KUDIELA ITUXI - ATO DE CONTRIÇÃO

Nzambi yami, mukonda Eye watunda o mbote ni ngakuzola ni muxima wami yoso. Ku muxima kwa mu-ngixixima kyavulu, mukonda ngakuxingile. Kumoxi ni kikwatelesu kya ngalasa ya Wnzambi Wé, ngitá kidyelele, kitololo mu muxima wami. Ngi-ulungulula, kingate dingi ituxi, ngadyondo ni ngakinga o muloloke wa ituxi yami, mu henda Yé yakalelaku. Kyene.

MUSAMBU WA KUXIKINA - ATO DE FÉ

Nzambi yami, ima yoso y-watutangela ni y-watwidikisa y-yene mu tulonga o Ngeleja Yé ya Katólika, yenioso ngaixikina mwene ni muxima woso.

MUSAMBU WA KUKINGA - ATO DE ESPERANÇA

Nzambi yami, eme ngakinga, ni kudielela kwoso, mukonda Eye Tata ya kutena wawaba o muxima, kyoso kywadielelesa, kale kiza.

MUSAMBU WA KUZOLA - ATO DE CARIDADE

Nzambi yami, eme nga-kuzolo mwene katé ni ima yoso ndenge; mukonda Eye Tata ya mbote. O henda Yé yene i ngizolesa o mutu ni mukwetu kala kingadizolo eme mwene.

MUSAMBU WA MADIFUNDU - ORAÇÃO PELOS FIÉIS DEFUNTOS

Abane Ngana kunhoha kwakalelaku mu axaxi ka kudimwikina, mu mukengeji wakalelaku, anhohe mukutululuka. Kyene.

MUSAMBU UBANGELU WA MUVU - ORAÇÃO PELOS ANIVERSARIANTES

- Phala phange yetu (**N.N.**), watenesa muvu lelu (mungu) phala abane kijimbwete kya kixikinu ni kya henda, ku jimbimbi ni ku ibangelu, atene kubana kijimbwete kya mwenhu wa kixikina Ngana Jezu ni Ngeleja Yé, tusambyenu kwa Ngana.
- **Ngana ivwa musambu wetu!**

MUSAMBU MU MAKUDYA (ORAÇÃO PARA AS REFEIÇÕES)

- *Ku dimatekenu dya kudya*
(Antes de comer)
Tat'etu...
Benzela Ngana etu ni kudya kwetu kuku ku twandádya kumoxi twanda kudya, pala tutene kukuzola ni kukalakala kyambote. Kyene.
- *Ku dizubilu dya kudya*
(Depois de comer)
Ave Madiya...; Tuximanyenu Tata...
Twakusakidila, Ngana, mukonda dya kudya kutwadila mu henda Yé na kwetu. Etu en'oso ni yó atubanga mbote, tubane mwenhu wakalelaku. Kyene.

MUSAMBU WA NGOLOXI (ORAÇÃO DA NOITE)

KIJIMBWETE - SINAL DA CRUZ

Mu dijina dya Tata † ni dya Mona, ni dya Nzumbi Ikola. Kyene.

MUSAMBU WA KUZEKA - ORAÇÃO AO DEITAR

- Ngana twasakidila ku dizubilu dya kizua kiki, ni ima yoso yambote twatena kubanga, tuloloke ituxi yoso twabange. Tubane Ngana usuku wambote ni kunhoha kwambote phala mungu mu Ngalasa Yé tutene kubalumuka ni kudisanza ni kukubeza eye utata watena yoso. Kyene.

MUSAMBU WA MADIYA
(ORAÇÃO A NOSSA SENHORA)

ANJU YA NZAMBI - ORAÇÃO DO *ANGELUS*

D.: Anju ya Nzambi watangele Madiya.
R.: Mwene yú wemitine mu kipata kya Nzumbi Ikola.
- (Ave Madiya, wezala mu ngalasa, Ngana Nzambi wala n'Eye, a-ku--ximana mu ahatu, ni a-mu-ximana mona-a, mala dyé Jezu. Sanda Madiya, Mama ya Nzambi tubingil'etu twa-akua ituxi, kindala ni mu dikumbi dya kufua kwetu. Kyene.)
D.: Emiú ngi mubika wa Nzambi.
R.: Angi-bange kala ki wazwela.
- Ave Madiya...
D.: Dizwi dya Nzambi didi dya dibangele muthu.
R.: Ni watungile mu kaxaxi ketu.
- Ave Madiya...
D.: Tubingile, Sanda Mama ya Nzambi.
R.: Phala tutambule itendelelu ya tundu kwa Kristu mwene Ngana yetu. Kyene.

Tusambyenu
Bokwesa Ngana, twakudyondo, ngalasa Yé mu kaxaxi ka myenhu yetu, phala etu mu kwijya mu njimbu ya Anju kwila Jezu Kidistu Monĕ wa-dibangele muthu, mu paxi Yé, ni dikulusu dyé, tubixile ku kikembu kya difukunukinu dyetu dya waba. Kwa Jezu Kidistu Ngana Yetu. Kyene.

- Tuximanyenu Tata ni Mona ni Nzumbi Ikola. Kala kyakexile ku dimatekenu ni kindawla, ni ku mivu ni mixinda ni kyakalelaku. Kyene.

NGANA YA MUHATU YA DYULU –
MU IZUA YA PÁSCOA

(RAINHA DO CÉU – PARA O TEMPO PASCAL)

D.: Ngana ya Muhatu ya Dyulu, sanguluka, Aleluia!
R.: Mukonda yó wa-mu-bekele mu mala dyé, Aleluia!
D.: Wafukunuka kala kyatangele, Aleluia!
R.: Tubingile kwa Nzambi, Aleluia!

D.: Sanguluka, dikenhe, Virje Madiya, Aleluia!
R.: Mukonda Ngana wafukunukine, kidyelele, Aleluia!

Tusambyenu

Nzambi, Eye wandalele kusangulukisa mundu ni difukunukinu dya Mon'é Ngana yetu Jezu Kidistu, tubane, twakudiondo, mukonda dya Manhi-ya Virje Madiya, phala tubokone mu kuzediwa kua mwenhu wakalelaku, mukonda dya Kidistu mwene Ngana yetu. Kyene.

- Tuximanyenu Tata ni Mona ni Nzumbi Ikola. Kala kyakexile ku dimatekenu ni kindawla, ni ku mivu ni mixinda ni kyakalelaku. Kyene.

TUAKUMENEKENA - SALVE-RAINHA

Twakumenekena Ngana ya muhatu yonene, Mama ya henda, mwenhu wa towala mudyelelu wetu, twakumenekena. Kokwe tudikola, etu twana a Eva twabindama. Eye twakutende, twamukema ni twa mudila mu honga yé ya masoxi, Eye phé muzokelelu wetu tusakwile mesu mé ma henda yé. Ni ki twakatunda mu ixiximu yi, watwidikisa Jezu mona mu mala dyé amuximana, eyé, mukwa kidi, mukwa henda, eyé watowala, Virje Madiya.
- Tubingile Sanda mama Ya Nzambi.
- Phala kutambula itendelesu ya tundu mwa Kidistu mwene Ngana Yetu. Kyene.

TWALENGELA KOKWÉ - À VOSSA PROTEÇÃO

Twalengela kokwe Sanda Mama ya Nzambi, kuzembe maubingilu metu, mu ibindamenu yetu, maji tubulule jinga mu ibidi yoso, eye virje wafumana ni akuximana.
Madiya kwene kituxi dilemba dyete mu jingalasa joso.

MUSAMBU WA SÃO JOSÉ (ORAÇÃO A SÃO JOSÉ)

São José, Eye u-mulume wa Virje Madiya. Eye wene ni nguzu ya kuzokelela mona Nzambi wadibangele muthu ngana yetu Jezu Kidistu, ni manhá muhatu wé, tuzokelele wé etu jindenge, yé mwene. Tuzokelele ku jinzumbi yoso jaiba jene mutu jinga usuku ni mwanha. Kyoso kitwanda kwila ku matwi kwatululuka, tutene kubeza Ngana Nzambi ni muxima woso. Kyene.

Orações em Kikongo

SAMBU KIA MENE MENE (ORAÇÃO DIÁRIA)

SINSU KIA KULUZU - SINAL DA CRUZ

Muna Zina dia Se † ye dia Mwana ye dia Mwand'Avelela. Ámen.

TAT'ETU - PAI-NOSSO

E S'Eto, una ku zulu, zina diaku diazitisua; wene waku wiza kwa yeto; luzolo lwaku lwavangana vava nza ne i koko zulu. Madia metu ma lumbu ye lumbu, watuvana mo unu; utuloloka masumu metu, una tulolokelanga ena bakutuvanganga mbi; k'utuyambula ko tuabwa mu mpukumuni, kansi utuvuluza muna mbi. Ámen.

AVE-MARIA

Ave Maria, wayela ye nsambu, Mfumu una yaku. Ngeye wasambuka va kati kwa akentw, Yezu mpe, mbongo a vumu kiaku, wasambuka E Santa Maria, e Ngudi a Nzambi: utusambila yetu asumuki; ye wau ye muna ntangw'a lufwa lwetu. Ámen.

NKEMBO KWA SE - GLÓRIA-AO-PAI

Nkembo kwa Se ye kwa Mwana ye kwa Mwand'Avelela. Una wakadila muna luyantiku, ye wau, i wowo kaka ye muna mvu myawonso. Ámen.

LUTAMBIKU LWA MAVANGU - OFERECIMENTO DO DIA

Mu kintwadi kia Ntim'avelela wa Yezu ye wa Maria, ikutambika, e Nzambi ame, sambu yame ye mavangu ye mpasi za lumbu kiaki mu luloloko lwa masumu mawonso ye muna ngindu zisambilanga. Ntima a Yezu ukudiekolanga vana walatala zetu. Nzolele sambila mpe mvingu mia kintumwa kia sambu mu ngonde yayi ye mu lumbu kiaki.

E WANZIO A NZAMBI - SANTO ANJO DA GUARDA

E Wanzio a Nzambi, Ngeye i Nlundi ame asungidila. Nzambi, muna nkenda zandi, kwa Ngeye ku kantambika. Isianu, untata, usingika, undunda, untemona ye unu ye kwele mwu. Ámen.

SAMBU KIA NTANTU - ATO DE CONTRIÇÃO

E Nzambi ame, Ngeye i sundidi wete. Ntomene kuzola muna nsi a Ntim'ame. Ntantu kibeni ngina zau, kadi illevole mu masumu yanata. Kansi, mu lusadisu lwa nsambu zaku, nsidi nsilu vo k'isumuka diaka ko. Undoloka masumu mame muna nkenda zaku zakondwa tezo. Ámen.

SAMBU KIA LUKWIKILU - ATO DE FÉ

Ngeye, e Nzambi ame, ntomene kwikila mawonso mana wasengomona, tulonguanga mu Dibundu diasantu dia katólika: kadi Ngeye k'ulendi vilakana ko, k'ulendi mpe kutuvuna ko.

SAMBU KIA VUVU - ATO DE ESPERANÇA

Ngeye, e Nzambi ame, i nsididi vuvu, kadi Ngeye i Mfumu a Mpungu, i Nkwa nkenda zakondwa tezo, nsilu miaku mpe k'ulendi myo vilakana ko.

SAMBU KIA NZOLA - ATO DE CARIDADE

E Nzambi ame, ntomene kuzola muna nsi a ntim'ame, kadi Ngeye i sundidi wete wawonso. Muna nzol'aku, nzolele mpe nkwa yame nze mono kibeni.

SAMBU KWA MINKWIKIZI BAFWA - ORAÇÃO PELOS FIÉIS DEFUNTOS

Ubavana, e Mfumu, zingu kia ntemu wakondwa mbaninu. Bazingila mu luvuvamu. Ámen.

SAMBU KIA MINGUTUKI – ORAÇÃO PELOS ANIVERSARIANTES

- Ngutuki wa unu iovo wa mbasi. Kumbu: Kinumana kakala va nza sisu kia lukwikilu, vuvu i zola, i mu nvovu i mavangu kasonga kimbangi kiluzingu konso owo wa malongi ma Yezu ye ma Dibundu, tulomba kua Mfumu.
- Nkangu: E Mfumu, wa sambu kietu.

SAMBU KIA VO SE TUDIA (ORAÇÃO PARA AS REFEIÇÕES)

- *Muna Luyantiku*
E Setu...
Maria Mama, e Mfumu, sambula mo, masiamisa nitu zetu, twatoma kussadila. Ámen.

- *Vo tumene dia*
Nkembo kwa Se...
Tutondele, e Mfumu, muna madia utuvene. Utusadisa, twalwaka kuna meza ma zulu. Ámen.

SAMBU KIA NKOKELA (ORAÇÃO DA NOITE)

SINSU KIA KULUZU - SINAL DA CRUZ

Muna Zina dia Se † ye dia Mwana ye dia Mwand'Avelela. Ámen.

MU LEKA - ORAÇÃO AO DEITAR

Ya leka ye Nzambi, i sikama ye Nzambi, nsambu za Nzambi ye za Divinu Spiritu Santu. Ngudi'etu kafuka ye mvuel' andi e Mfum' ame Yezu Kristu, Mwana Mwenze Maria, undunda mu mpipa yayi, ye mbasi lumbu kiawonso. Ndombele uyala mu monu. Kala yame Ngudi Avelela a Nzambi. Mvingu mietu kuvwezi mioku muna kondulu zetu, kansi ututinisa ntangu zawonso mu mambi, e Mwenze ukembelwa i watondwa. Ngud'etu, ntanin'etu; utuwawanesa ye Mwan' aku; utusindika ku Mwan' aku; utusongisa ku Mwan' aku. Ámen.

SAMBU KWA MARIA
(ORAÇÃO A NOSSA SENHORA)

WANZIO A MFUMU - ORAÇÃO DO *ANGELUS*

D.: Wanzio a Mfumu samuni nsamu kwa Maria.
R.: Maria mpe tambudi lukau mu wene wa Mwand'Avelela.
- Ave Maria, wayela ye nsambu, Mfumu una yaku. Ngeye wasambuka va kati kwa akento, Yezo mpe, mbongo a vumu kiaku, wasambuka E Santa Maria, e Ngudi a Nzambi: utusambila yeto asumuki; ye wau ye muna ntangw'a lufwa lwetu. Ámen.
D.: Mono i nleke a Nzambi.
R.: Divangami mu mono dina kazolele.
- Ave Maria...
D.: Diambu dia Nzambi dikivangidi muntu.
R.: .Diayiza zingila yetu.
- Ave Maria...
D.: Utusambila, e Ngudi a Nzambi..
R.: Twamona nsilu mia Kristu.

Tusamba

E Mfumu, bukula nsambu zaku muna ntima mietu, kinumana yetu tuzeye vo Mfumu etu Yezu Kristu wakivanga muntu, konso wo wa nsamu wa Wanzio, muna mpansi ye lufwa lwandi, twalwaka kuna nkembo a Lufutumuku. Muna Yandi Mfumu etu Yezo Kristu. Amen.
- Nkembo kwa Se ye kwa Mwana ye kwa Mwand'Avelela. Una wakadila muna luyantiku, ye wau, i wowo kaka ye muna mvu myawonso. Ámen.

E NTINU A NKENTO – MU NTANGW'A PÁSCOA
(RAINHA DO CÉU – PARA O TEMPO PASCAL)

D.: E Ntinu a Nkentu, yangalala, aleluia!
R.: Kadi Ndyona wanata muna vumu kiaku, aleluia!
D.: Futumukini, konso una kavova, aleluia!
R.: Utusambila kwa Nzambi, aleluia!
D.: Kembela, yangalala, e Maria Mwenze, aleluia!
R.: Dialudi, Mfumu futumukini, aleluia!

Tusamba

E Nzambi; Ngeye wayangidika nza mu Lufutumuku lwa Mwan'aku Yezo Kristu, utusadisa. Muna mvingu mia Ngudi andi Maria Mwenze, twamona lau dia luzingu lwakondwa mbaninu. Muna Yandi Mfumu etu Yezu Kristu. Ámen.

- Nkembo kwa Se ye kwa Mwana ye kwa Mwand'Avelela. Una wakadila muna luyantiku, ye wau, i wowo kaka ye muna mvu myawonso. Ámen.

SALVE, E NTINU A NKENTO - SALVE-RAINHA

Salve, e Ntinu a Nkento: Ngeye i Ngudi a nkenda, i zingu kietu, i vuvu, i wete! Yeto an'a Eva Ngeye i tubokelanga; Ngeye i tusambilanga mu kungu ye dilu, mu zingu kiaki kia mansanga. Idianu, Nge Kimpovela kieto, vilula meso maku ma nkenda kwa yeto. Zingu kiaki kia kinzenza vo kimene, utusonga Yezo, Mbongo avelela a vumu kiaku, e Mwenze Maria, Nkwa nkenda ye walakazi!

MU SUAMUNU DIAKU - À VOSSA PROTEÇÃO

Mu suamunu diaku tudikumukanga Santa Ngudi Avelela a Nzambi. Mvingu mietu kulevudi mioku muna kondulu zetu, kansi konso ntangu ututinisa mu mbi zawonso, e Muenze ukembeswa i wazitiswa, Ngudi'etu, ntanini' etu, utuwisanesa ye Muana ku, utusindika ku Muana ku, utusongisi ku Muana ku. Ámen.

SALVE, NSADISI, YE YAKALA DIA MWENZE MARIA - (ORAÇÃO A SÃO JOSÉ)

Kwa ngeye, Nzambi uvana Mwan' andi; mu ngeye, Maria usi dienga diandi; mu ngeye Kristu ukivanga muntu. E nkua nsambu Yozé, udisongi Se diaka kwa yetu i utulundi mu nzila luzingu. Utulombila nsambu, walakasi ye unkabu, i utunwanina mu mbi yawonso. Ámen.

Papa Francisco

ORAÇÕES EM UMBUNDU

OTCHIFELIVILO TCHETEKE (ORAÇÃO DIÁRIA)

ONDIMBU Y'OMINDIKISO - SINAL DA CRUZ

K'onduko ya'Ise † l'Omola la Tchilelembya-okola. Amen.

A TATE YETU - PAI-NOSSO

A Tate y'etu, okasi v'Ilu, onduko y'ove yitumbangiwe; usoma w'ove wiye kokwetu; etchi oyongola tchilingiwe nd'etchi lo v'Ilu hatcho lo p'osi; twavele etali okuliya kwetu kw'oloneke vyosi; tuteteleko akandu etu nd'etchi l'etu tutetela akandu a'vakwetu; kukatuwisile v'okuyondjiwa, pwãyi tuvindikiyileko kw'etchi tchivî. Amen.

NDAKULAMA, A MALIYA - AVE-MARIA

Ndakulama, A Maliya: Weyuka ongalasa, Ñgala okasi l'ove; wasumuluhã p'okati kakãyi vosi, la Yesu omolã wo v'imo lyove wasumuluhã-vo. A Sanda Maliya, ina ya Suku, tulombeleko etu twakwakandu, kaliye l'eteke tukafa. Amen.

ULAMBA KWISE - GLÓRIA

Ulamba kw'Ise, lo k'Omõla lo ku Tchilelembya-okola, Nd'etchi lo k'efetikilo, lo kaliye, lo k'anhamo osi. Amen.

ETUMBIKO LY'ETEKE - OFERECIMENTO DO DIA

A Suku y'ange! Kumwamwe l'Utima ukola wa'Yesu, kwenda Utima wayela wa'Maliya, hutumbikila ifelivilo vy'ange, ovopange ange, kwenda olohali vy'ekumbi lilo: vyosi ndivyetcha p'eka ly'ove, otcho ndimule l'avyo akandu ange, otcho vali evi Utima ukola wa'Yesu ulitumbikila k'utala teke l'eteke vilingiwe.

OTCHIFELIVILO TCHEFETIKILO TCHOKULYA
(ORAÇÃO PARA ANTES DAS REFEIÇÕES)

D: Ñgala Yesu wapopya heti: "Apa pali vamwe vavali ale vatatu valyngolwila v'onduko y'ange, ame hakala p'okati k'avo" (Mt 18,20).
Vosi: A Tate y'etu, okasi v'Ilu, onduko y'ove yitumbangiywe...
D: Ulamba kw'Ise lo k'Omolā lo ku Tchilelembya-okola
Vosi: Nd'etchi lo k'efetikilo lo kaliye lo k'anhamo osi, Amen.

D: Tufelivili:
A Ñgala ava vosi vatukwatisako l'ovopange ôhenda vâvela onima y'ove kwenda vapitilisa k'Omwenho kaupwi.
Vosi: Amen.
D: K'ohenda ya'Suku ilelembya vy'ava vafa vapuluyukile v'ombembwa!
Vosi: Amen.

OTCHIFELIVILO TCHEMOLOSULO TCHOKULYA
(ORAÇÃO PARA DEPOIS DAS REFEIÇÕES)

D: Otima w'ange, pandula Ñgala.
Vosi: A Ñgala, ove owalisa oloneleho vyo v'usenge, otekula olondjilla vyo k'ilu; otusikilîla l'onhime y'ongalasa y'ove; kwenda otwavela okulya kw'oloneke vyosi, otcho esakalalo ly'evi vyo p'osi kalikatutateke okuvandjiliya Usoma w'ove k'ovina vyosi kwenda hambi ovina vyosi.
D: Ulamba kw'Ise lo k'Omōla lo ku Tchilelembya-okola.
Vosi: Nd'etchi lo k'efetikilo lo kaliye lo k'anhamo osi. Amen.

OTCHIFELIVILO TCHO K'OÑGOLOSI
(ORAÇÃO DA NOITE)

A Suku y'ange, ndatava kokwove, ndifenda kokwove, ndukwimba ondunge kwenda ndukusole.
- A Tate Y'etu...

A Ñgala, a Suku y'ange, ndukwimbila olupandu omo ly'ovyali vangavela etali!
Kaliye, ñgwatiseko okusokolola akandu ndapanga, otcho ndalivele l'utima w'ange w'osi!

OLONDAKA VY'OKULIVELA - ATO DE CONTRIÇÃO

A Suku y'ange, ndalivela akandu ange, omo ovanhale; ove vu'Tchime tch'etu, uwa mwêle, k'okusoliwa walipwa. Neteleko yapa, siyongola okwapanga vali; ñgwatiseko l'ongalasa y'ove, otcho ndukuvumbile tchiwa oloneke vyosi. Amen.

KATCHIKAKULIMBE - LEMBRAI-VOS

Katchikakulimbe, okwahenda yalwa, Ofeko Maliya, kuti: û walivondela kokwove, wakulomba okuwamela, wapinga olunda lw'ove, katwamwilehandi kuti ove wopukula.
L'amevo hamo ndilavoka kwenda nditilila kokwove, a Mãyi, Ofeko wavelapo afeko vosi, ndeya, ndalemiwa l'akandu ange, yu ndasamba p'olomahi vyove, otcho ombindikiyileko.
Ana y'Omõla wa'Suku, kukapukule ovifelivilo ly'ange; ove pwãyi liyevelela: ngavele evi ndukulomba! Amen.

JESUS, JOSÉ E MARIA

A Yesu, a Suse, a Maliya: ndukwîhî utima w'ange! l'omwenho watcho! A Yesu, a Suse, a Maliya: nalameli p'okufa kw'ange! A Yesu, a Suse, a Maliya: nditulile omwenho p'okati k'ene! Otima ukola wa'Yesu, tulinge ohenda! Otima wayela wa'Maliya, etililo lya'vakwakandu, tupingileko! Okwesumuluhõ Suse, tupingileko! Okwesumuluhõ (ngandi...), tupingileko!

A ÑGALA, PONGOLOLA - SENHOR, CONVERTEI

A Ñgala, pongolola vakwakandu, avela tch'okulya kw'ava vakasi l'ondjala; etcha uhayele l'ekolelo k'ovave, popela ava vayandulukwa, iñgisa v'Ilu ava vakasi v'Eyelisilo.
A Ñgala, lava vakwepata ly'ange. Tupulukise k'olondjandjo vy'alyapu. Olomunga vy'ove vikola vituvindikiyile k'ayuvu osi.

KE VINDIKIYILO - À VOSSA PROTEÇÃO

Ke vindikiyilo lyove oko tutilila ukwokola ina ya Suku, hukapukule ovifelivilo vyetu, vokusukasuka kwetu, pwāyi tupulukiseko kwetchi tchivī, ufeko ukwolamba kwenda wasumuluhā.

3. BÊNÇÃOS DIVERSAS

BÊNÇÃO DA FAMÍLIA

Ó Deus bendito, nosso Pai, fazei que os moradores desta casa, por Vós concedida para habitação desta família, obtenham os dons do vosso Espírito, e manifestem com obras de caridade a graça de vossa (†) bênção, de modo que todos os que vivem nesta casa encontrem sempre aquele sentimento de paz e amor, que sabemos ter em Vós a única fonte. Por Cristo, nosso Senhor. Amém.

BÊNÇÃO DOS FILHOS

Pai santo, fonte inesgotável da vida e autor de todos os bens, nós vos bendizemos e vos damos graças, pois quisestes alegrar com o dom dos filhos a união do nosso amor. Concedei, nós vos pedimos, que este(a) jovem membro da família encontre seu caminho na sociedade familiar, onde possa desenvolver as melhores aspirações e chegar um dia, com a vossa ajuda, à meta final por Vós estabelecida. Por Cristo, nosso Senhor. Amém.

BÊNÇÃO PASCAL DE UMA CASA

A Vós, Deus Pai todo-poderoso, rogamos por esta casa, por todos os seus moradores. Dignai-vos abençoar esta casa, os seus habitantes que nela procuram viver o mistério pascal de Cristo, vosso Filho, assim como abençoastes e santificastes a casa de Abraão, de Isaac e de Jacó. Entre suas paredes habitem os anjos da vossa luz, para guardar esta casa e os seus moradores. Por Cristo, nosso Senhor. Amém. Pai-nosso, 3 Ave-Marias, Glória-ao-Pai.

BÊNÇÃO DE UMA RESIDÊNCIA NOVA

Favorecei, Senhor Jesus, os vossos filhos que pedem com humildade vossa bênção, ao mudarem (hoje) para esta nova residência; sede re-

fúgio para os que aqui moram, companheiro dos que saem, hóspede com os que entram, até o dia de terem, todos, feliz acolhimento na casa do vosso Pai. Vós, que viveis e reinais para sempre. Amém.
Pai-nosso, 3 Ave-Marias, Glória-ao-Pai.

BÊNÇÃO DOS ANIMAIS

Louvado sejas, Senhor, por todas as criaturas, obras de teu amor. Que a tua bênção desça sobre estes animais, a fim de que, em nossa companhia ou a nosso serviço, nos recordem que Tu, fazendo bem todas as coisas, tudo fizeste para o louvor de teu nome. Abençoa e protege estes animais e torna-os amigos de todos os homens e mulheres. Em nome do Pai e do Filho e do Espírito Santo. Amém.

BÊNÇÃO PARA PLANTAÇÕES, CAMPOS E PASTAGENS

Ó Deus, que desde a origem do mundo fizestes, em vossa providência, germinar a terra em verdura e produzir toda espécie de frutos e ainda forneceis sementes ao semeador e dais o pão para comer, concedei que esta plantação, enriquecida por vossa generosidade e cultivada pelas mãos dos homens, transborde de abundantes frutos, de tal modo que os bens por Vós concedidos vos louve agora e sempre. Por Cristo, nosso Senhor. Amém.

4. CANTOS PARA DIVERSAS CIRCUNSTÂNCIAS

I. CANTOS EM KIMBUNDO

EYE, MADIYA, U SOBA YETU!
(DEVOÇÃO MARIANA)

Eye; Madiya, u Soba yetu (bis)
Mu Dyulu muná mu waxikama
Tudyonze-ze kwa Nzambi (bis)

1. Madiya, ió-ze, kamba dya Nzambi,
Madiya, yó-ze, Mama yá Jezu,
Madiya, yó-ze, Mama yá Soba,
Madiya, yó-ze, Soba mwene!

2. Ungana wé-ze, ungana wá Nzambi;
Ungana wé, ungana wa Kidi;
Mukonda mwene, Mama yá Soba!

3. Mbasá ya mwene, mbasá-phé ya Nzambi,
Kijinga kyé-ze, kijinga kya Nzambi,
Mukonda mwene wamusolele
Mu ngongo mumu ni dyulu dyoso.

4. Soba ya Nzambi, Soba ya mundu,
Soba ya dyulu, ya ima yoso,
Mukonda mwene wamusolele
Mu ngongo mumu ni dyulu dyoso!

5. O mbenza yé-zé, mbenza ya usoba,
Dinangu dyé-zé, dinangu dya Nzambi;
Yó udisota, wakazediwa,
Yó udisota, wakazediwa!

6. Tuymbenu Ngana, Mama Madiya,
Wala ni ungana, ungana wa Nzambi;
Mama Madiya, Soba ya kidi,
Mama Madiya, Soba mwene!

TALENU MADIYA (DEVOÇÃO MARIANA)

**Talenu, talenu, talenu Madiya,
Mama iá henda, uaué Madiya.**

1. Tala o fuma yá Madiya,
Tala o fuma, tala o fuma,
Mama yá henda, wawé Madiya.

2. Kilumba kyá waba,
Kyabeta o kwaba,
Mama yá henda, wawé Madiya.

3. Kilumba Madiya,
Kyabeta o kwaba,
Mama yá henda, wawé Madiya.

4. Tukwatele henda,
Mama yá Jezu,
Mama yá henda, wawé Madiya.

5. Tuendese, Mama,
Mu njila yá Dyulu,
Mama yá henda, wawé Madiya.

6. Tuzokele, Mama,
Ku ilwezu yetu,
Mama yá henda wawé Madiya.

AKUJIBILE - VIA-SACRA (PARA A QUARESMA)

**Akujibile ku Dikulusu,
Ngana wá ngibele o muloloke.**

1. Kyoso kyá zubile kudya Seyalu
Mbolo ni vinhu wene mukutu wé.

2. Benyobo wixi: "Ngisondoloka
Ubeka wami, phala kusamba".

3. Ambombesene mabebe a Sange,
Ni mesu moso amukusuka.

4. "O Tata yami, se kixikana,
Jihadi jiji ngikatuleju".

5. Juda Escariota, mukunji umoxi
Ueza ni mundu wá athu ayba.

6. Akuzidile mukutu woso,
Akubetele ni jixikote.

7. Akusebwile mu kukuzwica
Bu mutwe minha yakukubile.

8. Akwa-ituxi akutwikile
Muxi waneme bu kisuxi kyé.

9. Akupapele ni jipeleku
Akukubwile maku ni inama.

10. Akujibile ku Dikulusu,
Ku wangibele o muloloke.

11. Akujibile, uixi: "Kejia,
Wixi kejya kyoso kyabange".

12. Akujibile Muxima wé
Benyobo eme mungidisweka.

13. Akufundile mu henda yé,
Wafukunuka ku mbila yé.

14. Sanda Madiya, kiamuene Ngana,
Henda yamukwata, yú wadidile.

EYE NANHI EYE NGANA - VIA-SACRA
(PARA A QUARESMA)

Eye nanhi Eye Ngana. Eye nanhi Ngana!
Eye nanhi Eye Ngana. Eye nanhi

1. Ngana-mu-dikola, eme ngibula: Eye nanhi Ngana!
2. Eme ngitala, eme ngibula: Eye nanhi Ngana!
3. Ngamulandula, Eye ulenga, Eye nanhi Ngana|!
4. Eme ngisota mu idibi yoso, Eye nanhi Ngana!
5. Eme ngikwata mu idibi yoso, Eye nanhi Ngana!
6. Ngamudikola mu idibi yoso, Eye nanhi Ngana!

HENDA YA JEZU YAVULU - VIA-SACRA
(PARA A QUARESMA)

Henda ya Jezu yavulu,
Henda ya Jezu yavulu;
Ku i tanga nga i tokoka,
Henda yê yavulu.

1. Henda ya Jezu yavulu,
Kufwa ku muxi waiba;
Ku ngi bana ufolo,
Henda yê yavulu.

2. Jezu wa mwene malamba,
Wa bitile ni kalunga;
Eme, phala ki ngi fwe di,
Henda yê yavulu.

3. Muxima wami waxidi,
Jezu wa u sukula kyá;
Ngana zele ku manhinga mê,
Henda yê yavulu.

4. M'onzo ya Nzambi mwawaba,
Kana-mu muthu waiiba;
Yó ka tena kubokona,
Henda yê yavulu.

JEZU AMUPAPE KU DIKULUSU - VIA-SACRA
(PARA A QUARESMA)

Jezu amupape ku Dikuluso,
Madiya wemana mu kudila o Mona'e! (bis)

1. Jezu eh!, u Mon'a Nzambi,
Phala'hi lamba Didi
Eye kwatele ituxi
Phala'hi hadi yoso ii

2. Madyê, u Mam'a Nzambi,
Phala'hi lamba Didi
Eye wê kwatele ituxi
Phala'hi hadi yoso ii

3. Ngazuata ituxi ienu,
Enu-phé mu-wuabe-ku;
Ngaxikina ku ngijiba,
Enu-ze mubonge o mwenhu!

MU NGONGO MU NDANJI - VIA-SACRA
(PARA A QUARESMA)

1. Mu ngongo, mu ndanji yaxanana;
Ibalu yakele kyá ku mundu (ter).
Mu ngogo, mu ndanji ya xanana,
Ibalu yakele kyá.

2. Kikutu kya tele o Jyanju,
Ngana wá kijituna mu kidi (ter)
Kikutu kya tele o Jyanju
Ngana wá kijituna.

3. Madiya wendele wé ku mbila,
Wasange wábandyé kyá kwa Tata (ter)
Madiya wendele wé ku mbila,
Wasange wábandyé kyá.

4. Mukunji kukale ngó ni woma,
Ngana wá ku-tumwé kyá kulonga (ter)
Mukunji kukale ngó ni woma,
Ngana wá ku tumwé kyá.

5. O Juda wá sumbisile Jezu,
Wendele mu dinhenga lu ngoji (ter)
O Juda wasumbisile Jezu,
Wendele mu dinhenga.

ALELUIA (ACLAMAÇÃO, PARA A PÁSCOA)

1. Ngana Jezu Kidistu wa fukunuka, aleluia, aleluia, Amen...
Aleluia aaa, Aleluia, Aleluia aaa, Aleluia, Aleluia aaa, Aleluia, Aleluia aaa, Aleluia, Amen.
2. Mwene watolola ó Kalunga, aleluia Amen.

JEZU NGÓ (COMUNHÃO)

Jezu ngó, mwene wa tuijya
U tuendesa mu mwenhu yú;
Kana-ku dingi dikamba diengi,
Jezu ngó, Jezu ngó

1. Ngana Jezu, mwene kamba dyetu,
Jezu ngó, Jezu ngó.
Yú watusake mixima yetu,
Jezu ngó, Jezu ngó.

2. Jezu k'ungana wê wa xikama,
Jezu ngó, Jezu ngó.
Hanji muxima wê wa betama,
Jezu ngó, Jezu ngó.

3. Mu ola joso yú wa zukama
Jezu ngó, Jezu ngó.
Kwenda ni woma wê kya tu fwama
Jezu ngó, Jezu ngó.

4. Henda ia nanhi ujitu'avulu
Jezu ngó, Jezu ngó.
Nanhi u tu bana kididi bulu
Jezu ngó, Jezu ngó.

II. Cantos em Kikongo

BENO BAKUNDI, LWIZA (ENTRADA)

Beno bakundi, lwiza yeno awonso,
twasambila tata yetu awonso;
vo zola kwa Nzambi kukondelo mu ntima,
ke tulendi lwaka kuna zulu ko.

1. Beto bawonso tu bana ba Nzambi,
Vo tulembi samba ke tumona zulu ko
Fuku vo mwini tutoma sambilanga,
Mpasi vo twabaka n'sambu za zulu.

2. Waka u mbuta; wakala u nleke,
Sambu i kima kisundidi ova nza,
Vena yo Nzambi, vena yo nkadi-ampemba
Kansi muna sambu k'umona mpasi ko.

Domingos Jorge

KIESE KIAU (ENTRADA)

Kiese kiau kwa bavwidi ki ntinu kya Santu
Kadi malongi malungane. (bis)
Oh kyese nkembo, óó

1. Malembe malembe tuna kotela mu zulu
Bana ba Nzambi se badyata mu nlonga
Mu ndinga yimosi se bayimbila hossana (bis)
Kwa Se

LUVILULA DYELA (OFERTÓRIO)

Luvilula dyela, luvilula dyela,
Luvilula dyela, luvana makabu.
1. Ye yeno batata, ye yeno ba mama,
Luvilula dyela luvana makabu é é é.

2. Ye yeno matoko ye yeno ba ndumba.
Luvilula dyela luvana makabu.
3. Ye yeno baleke, ye yeno ba mbuta,
Luvilula dyela luvana makabu

LWIZA VANA MINKAYILU (OFERTÓRIO)

Lwiza vana minkayilu kwa Se.
Lukivana mpe va kimosi ye Yezu,
Wakiyekola mu kuma kietu
Lwiza vana mikayilu.

1. Ba tata luvana minkayilu kwa Se,
Utulwakisi mu lumbu eki
Muna sanisina Yezu Krístu, Mfumu,
Lwiza vana minkayilu.
2. Ba mama luvana minkayilu kwa Se,
Utulwakisi mu lumbu eki
Muna sanisina Yezu Krístu, Mfumu,
Lwiza vana minkayilu.
3. Ba leke luvana minkayilu kwa Se,
Utulwakisi mu lumbu eki
Muna sanisina Yezu Krístu, Mfumu,
Lwiza vana minkayilu.

BANANI SE BAMONA NKEMBO (COMUNHÃO)

1. (Coro) Banani se bamona nkembo!
Bavelela se bamona nkembo, mu nkumb'u a Se
Ye ya Mwana ye ya Mpeve Alongo. Amen. (bis).

2. (Solista) Beno batata!

Refrão: **Beno ba tata**
Lwiza tambula nitu a Mfumu Yezu,
mu nkumbu'a Se,
ye ya Mwana,
ye ya Mpeve Anlongo. Amen.

3. (Solista) Beno matoko!
4. (Solista) Beno ba ndumba!

5. (Solista) Beno ba mbuta!
6. (Solista) Beno baleke!

SUKULA NTIMA (COMUNHÃO)

**Sukula ntima, sukula ntima a a, sukula
Ntima u tabula yezu.** (bis)
(Solista) Oh sukula.

1. Kwa ngeye Tata kombanga nzo aku
Eh nki kikondele u sukula ntim'aku.
2. Kwa ngeye Tama kombanga nzo aku
Eh nki kikondele u sukula ntim'aku.
3. Kwa ngeye Toko kombanga nzo aku
Eh nki kikondele u sukula ntim'aku.
4. Kwa ngeye ndumba kombanga nzo aku
Eh nki kikondele u sukula ntim'aku.
5. Kwa ngeye Nleke kombanga nzo aku
Eh nki kikondele u sukula ntim'aku.

LANDA KAKA IKULANDA (SAÍDA)

**Landa kaka ikulanda:
Kani mambi yavangidi,
e! e! landa kaka ikulanda** (bis)
Ngeye Yezu moyo ame.
(Ngina landa)

1. Yezu, do, undemvokela mu mambi yavangidi,
E! e! landa kaka ikulanda.
(Baixo) Ngeye Yezu moyo'ame,

2. Yezu, do, ungiambudila e mambi yavangidi,
E! e! landa kaka ikulanda.
(Baixo) Ngeye Yezu moyu'ame,

3. Yezu, do, ungwila kwame. Ngeye Mvuluzi ame,
E! e! landa kaka ikulanda.
(Baixo) Ngeye Yezu moyo'ame,

III. Cantos em umbundo

A ÑGALA TAMBULA (OFERTÓRIO)

**A Ñgala tambula ovilumba tuakunenela a Ñgala;
nda ñgo vitito tambula (bis).**
Katukwete etchi tchalua tukwavela (bis)
é é é tukulumbilanhe é é é tukulumbilanhe (bis).

LESANDJU LYAPIALA (OFERTÓRIO)

**Lesandju lyapiala kovitima vyetu a Ñgala tukulumba kokwove
é é é (bis).**
Tuvitumbika peka liove (bis); kwenda visandelela a a a A ñgala (bis).

NDIYONGOLA OKUKUSOLA (COMUNHÃO)

1. Ndiyongola okukusola, Yesu vukolelo lyange.
Ndapanga okukuvumbila, Yesu yange, ove Tchime.
Ndikakusola lutima, Komwenho kwenda pokufa.

2. Ndisilika okukusola, Ove kamba ove nekwi, kwenda
Ndikakutumbagiya. Ndomo mutwila ekumbi,
Ndukutekela, a Suku a Meme yupa akandu.

3. Ndukusole kakumbi osi, ove vusoma vusuku
Vusonwi yange palo posi vunima yange vilu,
Ondigila lembeleko teke nditula omwenho.

Ú OLYA ETIMBA LYANGE (COMUNHÃO)

1. Ú olya Etimba Lyange. Ú onhwa Osonde Yange. Okomolã omwenho wandahũ eme (bis).

Yesu yange ndukupinga, ndikutise le'timba lyove. Osonde Y'ove ndi nhué, pwãhi eme sasesamelele iñgile mwange (bis).

2. Ame ndeya okuyovola, akandu y'ove osi, ndafila kekuluso, otcho okamōla omwenho wandahũ eme (bis).

ETALI MUELE (AÇÃO DE GRAÇAS)

Etali muele utima wange watokola lotchisola Yesu Asoliwe, atumbagiyue levi vyosi vyaluilikwa.

1. Omola wa Suku vosi tusivaye, wapinduka omunu octho Atuyovole levi viosi vialulika.

2. Vosi tupanduli, omolā wa Suku, mwa vakwasande, vasivaya Vilo, levi viosi vialulikwa.

YESU WAFILA KE KULUSU (SAÍDA, PARA A QUARESMA, VIA-SACRA, DEVOÇÕES)

1. Walikala kelyapu okamolā ulamba kala lo henda letu.

Yesu wafila ke kulusu eni a kwetu tu fendeli (bis).

2. Walikala kumonha okamolā ulamba kala lo henda letu.
3. Walikala kepangue...
4. Walikala kumbanda...
5. Walikala kupwepwe...

IV. Cantos em português

AH! VINDE TODOS À PORFIA
(ENTRADA OU SAÍDA, PARA O NATAL)

Glória a Deus,
Paz na terra aos homens! (bis)

1. Ah! vinde todos à porfia,
Cantar um hino de louvor,
Hino de paz e de alegria,
Que os anjos cantam ao Senhor.

2. Naquela noite venturosa,
em que nasceu o Salvador,
os anjos com voz amorosa
deram no céu este clamor.

3. Vamos juntar-nos aos pastores,
P'ra irmos todos a Belém
Saudar, em férvidos louvores,
O Salvador que hoje nos vem.

4. Que vemos nós! Ai que pobreza!
É este o grão Deus dos mortais
Palhas, presépio, só nudeza!
Anjos, dizei, a quem cantais?

5. Não requer fausto e aparatos
Quem é riqueza lá dos céus.
Ó pobrezinho, vinde gratos,
Reconhecer o vosso Deus.

BENDIZEMOS O TEU NOME
(DEVOÇÃO MARIANA)

Aqui vimos, Mãe querida,
Consagrar-te o nosso amor.
Aqui vimos, Mãe querida,
Consagrar-te o nosso amor!

1. Bendizemos o teu nome,
Mãe do Céu, Virgem Maria;
Bendizemos à porfia,
O teu Filho Salvador.

2. Esmagaste, ó Virgem Santa,
Toda bela e imaculada,
A cabeça envenenada
Do dragão enganador.

3. Todo o mundo, ó Mãe Bendita,
Cheio está de tuas glórias,
De perpétuas memórias
De teu nome e teu louvor.

4. Advogada poderosa,
O universo em ti confia,
Porque és Tu refúgio e guia
Para o justo e pecador.

5. És conforto dos aflitos
És das graças dispenseira,
És da paz a mensageira
Nossa esperança nosso amor.

6. Desse trono, os meigos olhos
A nós volve, teus devotos;
Somos filhos, nossos votos
Ouve, Ó Mãe do Redentor!

SALVE, Ó SANTA SENHORA
(DEVOÇÃO MARIANA)

Salve, ó Santa Senhora,
Rainha Santíssima,
Maria, Mãe de Deus,
Sempre Virgem!

1. Ave, Palácio de Deus,
O seu Tabernáculo!

2. Ave, Morada de Deus,
A sua vestidura!

3. Ave, Serva e Mãe de Deus,
Plenitude do Bem e da Graça!

O TEU REINO, SENHOR
(PARA A QUARESMA, VIA-SACRA, DEVOÇÕES)

1. O teu Reino, Senhor, é justiça,
O teu Reino Senhor, é perdão,
O teu Reino Senhor, é verdade,
O teu Reino Senhor, salvação!

2. Todo homem que luta e que sofre
Construindo teu Reino, Senhor,
Há de ver o teu Reino crescer
Construindo na paz e no amor.

3. Do Presépio nos vem uma luz,
De Belém nos vem o amor;
Vem força que une o teu Povo,
Pois foi lá que nasceste, Senhor.

4. E na cruz que aceitaste inocente
Num abraço imenso de amor,
Atraíste o mundo inteiro
Ao teu Reino Divino, Senhor!

5. Aleluia! É o canto mais belo,
P'ra aclamar-te, Senhor da glória,
Tu venceste a morte p'ra sempre,
Todos juntos cantamos vitória!

SOBRE O ALTAR (OFERTÓRIO)

Sobre o altar, vou colocar
A minha oblação.
Quanto nela houver, se há de converter
Em Jesus na consagração.

1. Dou-vos, Senhor, o meu amor,
Na hóstia do altar:
E que tudo em mim, suba a Vós, por fim,
Para sempre se consagrar.

2. Dou-me também por quem não tem,
A vossa luz, meu Deus!
Por eles olhai, com amor de Pai.
Dai-lhes o caminho dos céus.

CREMOS EM VÓS, Ó DEUS!
(COMUNHÃO, ADORAÇÃO AO SANTÍSSIMO)

1. Cremos em Vós, ó Deus,
Cremos em Vós.
Ó Pai que estais nos céus,
Olhai por nós.
Chegue até Vós, ó Deus,
A nossa humilde voz.
Cremos em Vós, ó Deus,
Cremos em Vós!

2. Sois nosso Deus, Senhor
Sois nosso Deus.
A nossa força e luz
Sede também.

Sede p'la vida além
O nosso defensor;
Nosso supremo Bem,
Ó Deus de amor!

3. Seja p'ra Vós, Senhor,
Seja p'ra Vós
O nosso coração,
Vida e vigor.
Cada palpitação
Do nosso coração
Seja p'ra Vós, Senhor,
Seja p'ra Vós!

QUEM COMER DESTE PÃO
(COMUNHÃO, ADORAÇÃO AO SANTÍSSIMO)

Quem comer deste Pão
E beber deste vinho,
Viverá para sempre!

1. Disse Jesus: Eu sou o pão vivo,
Que desceu do céu para vida do mundo.

2. A minha carne é verdadeira comida
E o meu sangue é verdadeira bebida.

3. Quem come a minha carne e bebe o meu sangue,
Permanece em mim e eu nele.

4. Vossos pais, no deserto,
Comeram o maná e morreram;
Quem comer o pão
Que eu lhe der não há de morrer!

5. Quem come a minha carne e bebe o meu sangue
Ressuscitará no último dia!

6. Assim como Eu vivo pelo Pai que é a vida,
Quem me come viverá por mim!

7. Glória ao Pai e ao Filho e ao Espírito Santo,
Como era no princípio, agora e sempre.

5. BREVES INFORMAÇÕES PARA O CRISTÃO CATÓLICO

MANDAMENTOS DA LEI DE DEUS

1º) Amar a Deus sobre todas as coisas.
2º) Não tomar seu santo nome em vão.
3º) Guardar domingos e festas de guarda.
4º) Honrar pai e mãe.
5º) Não matar.
6º) Não pecar contra a castidade.
7º) Não roubar.
8º) Não levantar falso testemunho.
9º) Não desejar a mulher do próximo.
10º) Não cobiçar as coisas alheias.

MANDAMENTO DA IGREJA

1º) Participar da missa inteira nos domingos e outras festas de guarda e abster-se de ocupações de trabalho.
2º) Confessar-se ao menos uma vez por ano.
3º) Receber o sacramento da Eucaristia ao menos pela Páscoa da Ressurreição.
4º) Jejuar e abster-se de carne, conforme manda a Santa Mãe Igreja.
5º) Ajudar a Igreja em suas necessidades.

SACRAMENTOS DA IGREJA CATÓLICA

1º) Batismo
2º) Crisma ou Confirmação
3º) Eucaristia
4º) Reconciliação ou Penitência
5º) Unção dos enfermos
6º) Ordem
7º) Matrimônio

DONS DO ESPÍRITO SANTO

1º) Fortaleza
2º) Sabedoria
3º) Ciência
4º) Conselho
5º) Entendimento
6º) Piedade
7º) Temor de Deus

VIRTUDES CRISTÃS OU TEOLOGAIS	VIRTUDES CARDEAIS
1º) Fé	4º) Prudência
2º) Esperança	5º) Justiça
3º) Caridade	6º) Fortaleza
	7º) Temperança

VIRTUDES OPOSTAS

Contra a soberba: humildade.
Contra a avareza: liberalidade.
Contra a luxúria: castidade.
Contra a ira: paciência.
Contra a gula: temperança.
Contra a inveja: caridade.
Contra a preguiça: diligência.

CONSELHOS EVANGÉLICOS

1º) Pobreza
2º) Obediência
3º) Castidade

OBRAS DE MISERICÓRDIA

Corporais
1º) Dar de comer a quem tem fome.
2º) Dar de beber a quem tem sede.
3º) Vestir os nus.
4º) Dar pousada aos peregrinos.
5º) Assistir aos enfermos.
6º) Visitar os presos.
7º) Enterrar os mortos.

Espirituais
1º) Dar bom conselho.
2º) Ensinar os ignorantes.
3º) Corrigir os que erram.
4º) Consolar os aflitos.
5º) Perdoar as injúrias.
6º) Sofrer com paciência as fraquezas do nosso próximo.
7º) Rogar a Deus por vivos e defuntos.

FRUTOS DO ESPÍRITO SANTO

1º) Caridade
2º) Gozo
3º) Paz
4º) Paciência
5º) Benignidade
6º) Bondade
7º) Longanimidade
8º) Mansidão
9º) Fé
10º) Modéstia
11º) Continência
12º) Castidade perpétua

BEM-AVENTURANÇAS

1ª) Bem-aventurados os pobres em espírito, porque deles é o Reino dos Céus.
2ª) Bem-aventurados os mansos, porque possuirão a terra.
3ª) Bem-aventurados os que choram, porque serão consolados.
4ª) Bem-aventurados os que têm fome e sede de justiça, porque serão saciados.
5ª) Bem-aventurados os misericordiosos, porque alcançarão misericórdia.
6ª) Bem-aventurados os puros de coração, porque verão a Deus.
7ª) Bem-aventurados os que promovem a paz, porque serão chamados filhos de Deus.
8ª) Bem-aventurados os que sofrem perseguição por amor da justiça, porque deles é o Reino dos Céus.

PECADOS CONTRA O ESPÍRITO SANTO

1º) Desesperação de Salvação.
2º) Presunção de se salvar, sem merecimentos.
3º) Contradizer a verdade conhecida como tal.
4º) Ter inveja das mercês que Deus faz a outrem.
5º) Obstinação no pecado.
6º) Impenitência final.

PECADOS QUE BRADAM AO CÉU

1º) Homicídio voluntário.
2º) Pecado sensual contra a natureza.
3º) Opressão dos pobres, principalmente órfãos e viúvas.
4º) Não pagar o salário a quem trabalha.

NOVÍSSIMOS DO SER HUMANO - 'FINS ÚLTIMOS DO SER HUMANO'

1º) Morte
2º) Juízo
3º) Inferno
4º) Paraíso

INIMIGOS DA ALMA

1º) Mundo
2º) Demônio
3º) Carne

DOTES DO CORPO GLORIOSO

1º) Impassibilidade
2º) Claridade
3º) Agilidade
4º) Sutilidade

Abreviaturas dos Livros da Bíblia

Ab - Abdias
Ag - Ageu
Am - Amós
Ap - Apocalipse
At - Atos dos Apóstolos
Br - Baruc
Cl - Colossenses
1Cor - 1ª Coríntios
2Cor - 2ª Coríntios
1Cr - 1º Crônicas
2Cr - 2º Crônicas
Ct - Cântico dos Cânticos
Dn - Daniel
Dt - Deuteronômio
Ecl - Eclesiastes
Eclo - Eclesiástico
Ef - Efésios
Esd - Esdras
Est - Ester
Ex - Êxodo
Ez - Ezequiel
Fl - Filipenses
Fm - Filêmon
Gl - Gálatas
Gn - Gênesis
Hab - Habacuc
Hb - Hebreus
Is - Isaías
Jd - Judas
Jl - Joel
Jn - Jonas
Jó - Jó
Jo - João
1Jo - 1ª João
2Jo - 2ª João
3Jo - 3ª João
Jr - Jeremias
Js - Josué
Jt - Judite
Jz - Juízes
Lc - Lucas
Lm - Lamentações
Lv - Levítico
Mc - Marcos
1Mc - 1º Macabeus
2Mc - 2º Macabeus
Ml - Malaquias
Mq - Miqueias
Mt - Mateus
Na - Naum
Ne - Neemias
Nm - Números
Os - Oseias
1Pd - 1ª Pedro
2Pd - 2ª Pedro
Pr - Provérbios
Rm - Romanos
1Rs - 1º Reis
2Rs - 2º Reis
Rt - Rute
Sb - Sabedoria
Sf - Sofonias
Sl - Salmos
1Sm - 1º Samuel
2Sm - 2º Samuel
Tb - Tobias
Tg - Tiago
1Tm - 1ª Timóteo
2Tm - 2ª Timóteo
1Ts - 1ª Tessalonicenses
2Ts - 2ª Tessalonicenses
Tt - Tito
Zc - Zacarias

Como ler e compor as citações bíblicas

A *vírgula* separa capítulo de versículo, por exemplo: Mt 5,3 lê-se: Mateus capítulo 5, versículo 3.

O *ponto e vírgula* separa capítulos e livros, por exemplo: Mt 5,3; Lc 2,4; 3,8 lê-se: Mateus capítulo 5, versículo 3; Lucas capítulo 2, versículo 4 e capítulo 3, versículo 8.

O *ponto*, quando não serve de ponto-final, separa versículos de versículos, não seguidos, por exemplo: Jo 7,14.25.31 lê-se: João capítulo 7, versículos 14, 25 e 31.

O *hífen* indica sequência de versículos, por exemplo: Mt 5,2-4 lê-se: Mateus capítulo 5, versículos 2 a 4.

O *travessão* indica sequência de um capítulo a outro, por exemplo: Mt 5,3–7,2 lê-se: Mateus capítulo 5, versículo 3 até capítulo 7, versículo 2; assim também Mt 5–7 lê-se Mateus capítulos 5 a 7.

Quando ler a Bíblia
PALAVRAS DE ORIENTAÇÃO E CONSOLO

Quando estiver triste, leia: Sl 33; 40; 42; 43; Jo 14; Mt 6,19-34; Fl 4.
Ansioso e impaciente, leia: Sl 13; 37,3-5; Mt 6,25-34; Rm 5,3-5; Fl 4,6-7; Tg 5,7-11; 1Pd 5,6-7.
Quando os amigos falham, leia: Sl 26; 35; Mt 10; Lc 17; Rm 12.
Preocupado com dinheiro, leia: Ecl 5,10; Mt 6,19-21; 1Tm 6,6-10; Hb 13,5-6.
Com medo, leia: Sl 4,8; Is 41,13; Lc 8,22-25; Jo 14,27; Rm 8,1.31-39.
Antes da celebração na igreja, leia: Sl 84.
Com medo de testemunhar sua fé em Jesus, leia: Is 55,10-11; Jr 1,4-9; Mt 5,11-12; 10,16-20; Rm 10,8-15.
Quando quiser dar bons frutos, leia: Jo 15.
Sentindo-se solitário, leia: Sl 10,12-14; 25,16-18; 68,4-6; 146; Mt 28,20; Jo 14,18-19; 1Pd 5,7.
Angustiado e sofrendo, leia: Mt 5,4; Rm 8,31-39; 2Cor 1,3-6; 4,16-18; 12,7-10; Tg 1,2-4; Ap 2,10.
Doente, leia: Sl 41,1-3; 68,19-20; 103,1-5; 146; Is 54,10; Rm 5,1-5; Tg 5,14-15; 1Pd 5,10-11.
Enfrentando uma situação de doença terminal, leia: Sl 23; Rm 8,18-30; 2Cor 5,1-10.
Sofrendo por causa da morte de alguém, leia: Jo 11,25-26; 1Cor 15,50-58; 1Ts 4,13-18.
Passando por uma situação de desgraça total, leia: Jó 1,13-22; Is 55,8-9; Rm 8,28.
Quando necessitar de paz interior, leia: Sl 1,1-3; 4; 86; 131; Lc 10,38-42; Rm 5,1-5; Cl 3,15.
De saída para uma viagem, leia: Sl 46,1-3; 91,1-6.14-16; 121.

Enfrentando uma tentação, leia: Rm 12,1-2; 1Cor 10,12-13; Hb 2,17-18; 4,14-16; Tg 1,12-15; 4,7.

Sem desejo de participar dos encontros de adoração a Deus, leia: Sl 26,8; 84; 133,1; Ef 3,16-17; Hb 10,23-25.

Precisando de orientação, leia: Sl 16; 25,4-10; 32,8; 119,105; Is 30,21.

Tomando decisões, leia: Pr 3,5-6; 16,3; 1Cor 10,31; Gl 6,10; Tg 1,5-8.

Com raiva, leia: Mt 5,44-48; Rm 12,17-21; 1Cor 13; Cl 3,12-17; Tg 3,19-20.

Se sentindo culpado, leia: Sl 32; 51; 130; Is 1,18; Lc 15; Jo 6,37; 1Jo 1,8; 2,2.

Com inveja, leia: Sl 49,16-20; Tg 3,13-18.

Pensando que Deus abandonou você, leia: Sl 22,1-11; 139,1-12; Is 49,14-16; Fl 4,10-13; Hb 10,19-25.

Cansado e desanimado, leia: Sl 34,15-22; Is 40,25-31; Mt 11,28-30; Hb 12,1-3.

Procurando o caminho para o céu, leia: Jo 3,16; 14,5-6; Rm 6,20-23; 10,9-13; Ef 2,8-9.

Querendo saber como orar, leia: Mt 6,5-15; 7,7-11; Mc 14,36; Jo 15,7; Fl 4,6-7; 1Ts 5,17; 1Jo 5,14-15.

Na alegria, leia: Fl 4; Sl 98; 100; Lc 1,46-56.

Agradecido pelas bênçãos de Deus, leia: Sl 98; 100; 103; 1Ts 5,16-18.